KB080149

인생이
언제는
답이 있었나요

인생이
언제는
답이 있었나요

표영호 지음

HC books

목 차

3부
진짜 행복의 비밀

4부
서로 맞춰야 성립되는 것들

우리는
페르소나를 쓰고 산다

맛집에서 주문한 음식이 나오면 "잠깐만, 사진부터 찍고!"라고 외치는 사람들이 있다. 이렇게 찍은 사진들은 대부분 SNS에 예쁘게 올라간다. 해외 여행지에서 찍거나 유명한 사람과 함께 찍은, 남들이 부러워하며 '좋아요'를 누를 만한 사진들을 찍기 바쁘다.

사람들은 다른 사람에게 자신이 그럴싸하게 사는 것처럼 보이길 원한다. 집에서 김치와 달걀프라이 놓고 대충 차려 먹은 밥상 사진은 절대 올리지 않는다. 내가 보기 위한 것이 아니라 타인에게 보여주기 위한 사진, 즉 남들이 볼 것으로 생각하고 올리는 사진이기 때문이다. 그래서 SNS에는 자신을 과시하는 게시물들이 난무한다.

그런 사진을 본 사람들은 박탈감에 빠진다. 고급 레스토랑에 앉아 여유롭게 값비싼 음식을 만끽하고 있는 사진을 보면, 그 사람은 매일 그렇게 사는 것처럼 생각되어 상대적으로 박탈감을 느끼는 것이다. '다른 사람은 저렇게 행복해 보이는데 나는 왜 이렇게 힘들까?'

그런데 자기 글의 '좋아요' 개수를 확인하는 당사자는 사진 속 자신만큼 행복할까? 불행하게도 대부분은 그렇지 않다. SNS에 드러난 모습은 '페르소나'를 쓴 모습이기 때문이다.

우리는 가끔 화가 나도 웃으며 상대를 대하거나, 불공정한 게임이라고 속으로는 불평하면서도 괜찮다고 말하는 경우가 있다. 이렇게 감정과는 다른 얼굴을 하고 스스로 위로하며 타인에게 자신의 속마음과는 다른 얼굴을 보여주는 것을 나는 '페르소나를 썼다'라고 말한다. 페르소나persona는 라틴어로 가면이란 뜻으로 '외적 인격' 또는 '가면을 쓴 인격'을 말하며, 심리학적 관점에서는 본래의 성격과 상관없이 '남에게 보여주고 싶은 성격'을 말한다.

우리는 누구나 조금씩 마음의 가면을 쓰고 산다. 시험에 응시한 사람이 "합격자 명단에 없습니다"라는 말을 들었을 때, 도움을 요청한 친구에게 "도와줄 수 없어, 미안"이라고 거절당했을 때, 사랑하는 연인에게 "우리 그만 헤어지자"라는 난데없는 이별을 통보받았을 때, 우리는 속으로 피눈물 흘리면서도 의연한 척을 한다. 그런 자신의 모습이 본심에서 나온 게 아니란 것을 잘 알면서도 애써 감정을 감추는 것이다. 이와 같은 상태를 페르소나 상태라고 한다.

어느 부부가 이혼하고, 어느 커플이 이별을 결심한다. 서로 열렬히 사랑할 때에는 보지 못했던 페르소나를 지금에서야 보게 되었기 때문이다. 그동안 한없이 다정하게 애정을 주던 그는 온데간데없고 다른 사람이 되어 옆에 있을 때 '이 사람이 그때 그 사람 맞나?'라는 생각이 들기도 한다. 겉으로 표현된 페르소나를 믿고 있다가 상대방의 진짜 내면을 알게 되면서 큰 상처를 받은 것이다. 페르소나를 쓴다는 것은 분명 긍정과 부정이 공존한다.

페르소나는 특별히 가식적인 것이 아니다. 어쩌면 우리는 페르소나를 매일 쓰고 있다. 나를 과시하기 위해서, 상대방의 비난이 두렵거나 기대에 부응하기 위해서, 그리고 상대가 나에 대해 괜한 오해를 하지 않게 하기 위해서 우리는 작은 페르소나를 쓰고 본연의 얼굴과 다른 얼굴을 하고 산다. 나는 이런 사람들 모두 페르소나 증후군을 가졌다고 본다. 정확하게 말하면 우리는 모두가 페르소나 증후군을 앓고 있다.

나는 라디오 프로그램에서 국회의원, 장관, 차관, 저명인사와 토크쇼를 진행했다. 그러다 보니 방송 후에 그 사람들과 함께 찍은 사진을 SNS에 올리는 경우가 있다. 그러면 이런 댓글이 달리기도 한다.

"명강사로 등극하더니 정치하려고 하시는군요?"

물론 오해다. 사실 그분들 중에는 친한 사람도 있지만 대다수가 방송하면서 처음 본 사람들이다. 함께 방송한 후에 지극히 의례적인 인사치레로 '다음에 식사 한번 하자'는 정도의 인사를 나누고 헤어진 것이 전부다.

나뿐만 아니라 SNS를 이용하는 다른 사람들도 대부분 마찬가지일 것이다. 잘나가는 사람과 사진 찍고 친분을 과시하는 것처럼 보이지만 정작 그 사람과는 한 번밖에 안 본 경우가 많다. 그럼에도 끊임없이 그런 사진을 올린다. 그 사진을 본 사람들은 '저 사람은 네트워크가 대단한 사람이구나.'라고 오해하기도 한다. 남들로 하여금 오해하게 하려는 나쁜 의도가 있었던 것이 아니라 사실 그대로를 찍어서 올렸는데도, 결과적으로 과대포장이 되어버리는 것이다.

나는 한 달에 강의를 15번 정도 한다. 그런데 청중이 20~30명 있는 강연에서는 사진을 찍지 않고 400~500명 있는 강연에서 사진을 찍어 SNS에 올린다. 그런 사진을 본 후배들은 부러워하며 상대적 박탈감을 느끼기도 한다는데, 그럴 필요는 전혀 없다. SNS에 자랑스럽게 올려진 일들은 그 사람에게도 어쩌다 일어나는 일이고, 우리 각자에게도 그런 정도의 좋은 날은 찾아오게 마련이기 때문이다. 당신도 좋은 날의 사진을 찍어 올리면 다른 사람들이 당신을 부러워할 것이다.

왜 우리는 이렇게 가면을 쓰고 사는가?

'내가 다른 사람에게 어떻게 보일까'를 염려하기 때문이다. 현대사회는 서로 소통하지 않으면 살 수 없는 구조로 되어 있기 때문에, 나 이외의 다른 사람을 신경 쓰지 않고는 살아갈 수 없다. 생각해보자. TV 프로그램 〈나는 자연인이다〉의 주인공처럼 혼자 산속에서 자급자족하며 살아가거나, 농경사회에서처럼 가족들이 농사지어 충분히 먹고살 수 있다면 주변 사람을 그렇게 신경 쓰지 않아도 된다. 하지만 현대사회에서는 누군가에게 제품이나 서비스를 팔아야 하고, 누군가가 나를 방문해야 하고 나도 누군가를 방문해야 하며, 남들이 좋아하고 원하는 것을 알아내어 공급해야 먹고살 수 있다. 혼자서는 아무것도 할 수 없다. 그러니 다른 사람이 나를 어떻게 생각하는지에 민감할 수밖에 없고, 가면을 쓰게 되는 것이다.

그러므로 가면을 쓰지 않으려면 다른 사람이 나를 어떻게 보는지 신경 쓰지 말아야 한다. 사람들은 내가 나타내고자 하는 것보다 자기들이 보고 싶은 것만 보고, 듣고 싶은 것만 듣는다.

우리가 가면을 쓰는 또 다른 이유는 '비교' 때문이다. 상대적으로 나아 보이고 싶은 심리 때문에 SNS 속 우리는 현실보다 더 잘난 모습을 하고 있다. 페이스북을 하는 사람 중에는 친구가 많은 것을 자랑하는 사람들이 많다. 원래 SNS는 저장이나 추억보다 홍보의 개념이 강하다 보니 사람들이 타인의 관심인 '좋아요'에 대한 압박감에 시달리기도 한다. 단체 카톡방이나 밴드에서 내가 쓴 글을 몇 사람이나 읽었는지 수시로 체크하고, 누가 '좋아요'를 눌렀는지 체크하느라 귀한 시간을 쓰는 것이다.

페이스북에는 행복에 관한 콘텐츠가 80%가 넘는다. 우리나라 사람들의 행복지수는 세계 최하위권인데, 왜 페이스북에는 행복이 넘쳐날까? 그 이유를 나름대로 생각해봤더니, '좋아요' 때문인 것 같다. 요즘엔 몇 가지 표정이 더 생겼지만, 예전에는 글에 내한 반응으로 '좋아요'밖에 없었다. 우울한 글이나 슬픈 글에 '좋아요'를 누를 수 없으니까 그런 글에는 반응이 없다. 그러다 보니 페이스북에는 '좋아요'를 불러들이는 행복에 관한 글이 많은 것이다.

그러면 이야기는 확실해진다. 페이스북에는 행복이 넘치지만 현실 속에는 그 정도로 행복이 넘쳐나지 않는다. 그러니 그 간극을 명확히 인지하고 페이스북을 접해야 한다. 페이스북이나 인스타그램을 보다가 남의 인생과 비교가 되어 '내 인생이 엿 같다'라고 생각되면 SNS를 끊어야 한다. 그것이 나와의 소통이다. 단, 그것을 인내하고 즐길 수 있다면 충분히 타인의 페르소나를 받아들여야 한다. 그것이 타인과의 소통이다.

페르소나는 부정적인 측면과 긍정적인 측면이 공존한다. 그렇다면 내가 쓰고 있는 긍정적 페르소나를 어떻게 진짜의 나로 완성할 수 있는가? 페르소나가 형성되면 그것과 일치하는 자세를 만들어야 한다. 그것과 일치하는 스피치를 만들어야 한다. 그것과 일치하는 행동을 만들어야 한다. 처음엔 어색해서 답답할지 모르지만 계속해야 한다. 그러다 보면 습관이 되고, 습관이 되면 페르소나가 아니라 그게 진짜 나인 것이다.

소통은 페르소나를 벗어던져야 가능하다. 민낯을 보여주어야 가능한 것이 소통이다. 숨어 있는 내 속뜻을 이야기하고 나의 있는 그대로를 이야기할 때 비로소 소통은 이루어진다. 그러나 페르소나를 벗어던지기는 쉽지 않다. 민낯을 보여주기란 더더욱 어렵다. 그래서 우리가 쓰고 있는 페르소나를 가장 나답게 바꿔야 한다.

　사회생활을 하다 보면 페르소나를 쓴 얼굴만으로 또는 민낯만으로 살 수가 없다. 두 가지 얼굴을 가지고 살 수밖에 없다. 기왕에 두 가지 얼굴로 살아가야 한다면 긍정적 효과를 만들어내는 페르소나를 쓰고, 그 페르소나가 내 민낯이 되는 날까지 나를 만들어가야 한다. 페르소나를 쓴 자신도 남이 아니라 내 자신인 것이다. 소통은 결국 나를 알아야 가능하기 때문이다.

1부

당신의
페르소나는
무엇인가요?

" 인연은 우연일지
몰라도
관계는 노력이다. **"**

01

우리는 누구나
인정받고 싶다

우리가 세상을 살아갈 때, 내가 보는 내가 진정한 나일까? 남들 눈에 보이는 내가 진정한 나일까? 예를 들면 스스로는 남에게 피해 안 주고 도덕적으로 살아간다고 생각하는데, 남들이 그 사람을 볼 때는 이기적이고 깍쟁이에 고집불통일 수도 있다. 남이 보는 나와 내가 보는 내가 일치하지 않는 경우가 아마도 더 많을지 모르겠다. 그래서 사실 우리는 남에게 자신이 어떻게 보이는가를 고려할 필요가 있다. 남늘 눈에 내가 이기적이라면, 어쩌면 나는 나도 모르는 "이기적인 나" 일 수 있다.

사람이 살아가는 태도를 보면, 주변 사람들이 인정하는 대로 살아가는 경향이 있다. 내 동창 중에 술 매너가 상당히 안 좋은 친구가 있었다. 이 친구는 술에 조금 취하면 술집의 종업원을 함부로 대한다거나 욕을 한다거나 또는 행패를 부린다. 이른바 주폭酒暴, 술에 취한 상태에서 불특정 다수를 대상으로 폭력과 협박을 가하는 사회적 위해범이다. 그래서 그 친구에게는 진정한 친구가 없었다.

어느 날 동창회에서 그 친구가 안 보여 다른 친구에게 물었더니, 술만 마시면 행패를 부리고 시비를 걸고 싸움을 하니 동창회 사람들이 연락하지 말자고 했다는 것이다. 그 후로 몇 년 동안 그 친구는 동창회에 나오지 못했다. 연락을 못 받아서 못 나온 것도 있지만 술 마시고 실수한 것 때문에 나오기 힘들었을 것이다.

몇 년 후 내가 또 물었다.

"ㅇㅇㅇ는 왜 동창회를 안 나오니?"

"술만 마시면 주정을 부리는데 누가 좋아하겠어? 연락 안 했어. 본인도 그걸 아니까 못 오는 거지."

이렇게 음주 매너가 안 좋은 동창은 다른 친구들에게 이미 이런 식으로 낙인이 찍혀있었다.

그래서 나는 거짓말을 했다.

"얼마 전에 그 친구를 만났는데 술 매너 좋아졌더라. 술 먹고 주정 부리지 않는 거야. 오히려 술 취해서 집에 가는 사람들을 챙겨 보내더라니까. 정말 달라졌어."

　사람들이 모두 놀랐다.

　"정말? 그럴 리가 없는데, 진짜야?"

　그러자 다음 동창회에는 그 친구를 불렀다. 그 친구가 옆에 있을 때 나는 사람들에게 공개적으로 이야기했다.

　"애는 최근 몇 년 동안 술주정을 부린 적이 없어. 어쩌다 한 번 실수한 것을 우리가 잘 못 본 거야."

　주변에 있는 친구들은 반신반의했고, 나도 내심 불안하기는 했다. 그런데 이 친구가 그날 정말 매너 있게 술 마시고 기분 좋게 집에 갔다. 당연히 다음 모임에도 친구들의 연락을 받고 나왔으며 매너 좋고 기분 좋게 어울리다가 갔다. 친구들이 궁금해서 그 친구에게 물었다고 한다.

　"너 술만 마시면 시비 걸고 물건 던지고 하더니, 그 습관을 어떻게 고쳤니?"

　이 친구가 하는 말이 "영호가 나를 술 마시면 겸손해지고 매너 좋은 친구라고 사람들에게 이야기하고 인정하는데, 내가 어떻게 술 실수를 또 해. 나를 인정해 주는데 그렇게 따라줘야지" 하더라는 것이다. 남들에게 보이는 나를 중요시하기 때문에 사람은 남들이 인정하는 대로 되려고 자연스럽게 노력하는 경우가 많다.

　이와 유사한 이야기로 절뚝이 남편 이야기가 있다. 다리를 저는 남편이 있었는데, 그 아내가 남편을 '절뚝이'라고 불렀다. 그랬더니 동네 사람들이 전부 그를 절뚝이라고 부르고 무시했다. 어느 날 아내는 다른 동네로 이사 가서 살아야겠다고 생각했다. 그리고 그곳에서는 절름발이 남편을 '교수님'이라고 불렀더니, 그 동네 사람들도 전부 남편을 교수님이라고 불렀다. 술주정뱅이였던 남편은 주변 사람들이 자기를 교수님이라고 부르니까 실제로 교수님처럼 점잖게 행동하게 되었다는 것이다.

방송인 이경규 선배가 치킨 사업을 시작하기에 앞서 홍보의 일환으로 TV 홈쇼핑에서 닭을 팔았다. 선배가 나에게 홈쇼핑 발매 방송에 우정 출연해 달라고 부탁했다. 준비된 닭볶음탕을 현장에서 가스버너로 직접 끓이고, 끓는 동안에 닭을 키우는 장면을 찍은 준비된 영상을 보여주고, 다시 생방송 스튜디오로 돌아오면 요리된 것을 먹는 일정이었다.

영상이 나가는 사이 스튜디오 밖에서 잠시 쉬고 들어오자마자 다시 생방송이 시작되었다. 쇼호스트가 "자, 표영호 씨 요리가 다 됐죠?"라고 물어, 테이블 위를 보니 가스버너에 불이 꺼져 있었다. 닭볶음탕은 요리가 안 돼 있었고, 그것을 카메라 뒤에서 본 이경규 선배는 깜짝 놀랐다. 내가 서 있는 조리대와 약간 거리가 떨어져 있던 쇼호스트는 이런 상황을 눈치채지 못하고 "표영호 씨,

시식해 보세요."라고 권유하는 것이다. 생닭인데 먹어야 할지 순
간적으로 고민하는 사이, 이경규 선배가 카메라 뒤에서 나를 보는
눈빛이 아주 애절했다. 그 눈빛에는 '영호야, 먹어, 제발 먹어'라며
애원하는 기색이 역력했다. 그도 그럴 것이 홈쇼핑에서의 순간적
인 착오나 실수가 사업을 하는 사람에게 돌이킬 수 없는 실패를 안
겨주기 때문이다. 내가 먹지 않으면 이경규 선배가 몇 년 동안 준
비한 사업을 망칠 수도 있는 위기의 순간이었다.

결국, 나는 그 생닭을 세 조각이나 먹었다. 엄청 비리고 느끼해
서 정말 먹기 힘들었다. 더구나 익은 닭은 조금만 씹어도 삼킬 수
있지만, 생닭은 오래 씹어야 했다. 곧 토할 것 같았지만 맛있게 먹
는 표정까지 짓고 먹었다. 완판이 되었다. 그렇게 힘들게 방송을
마친 후, 나는 솔직히 이경규 선배가 내게 와서 고맙다고 할 줄 알
았다. 대기실에서 기다리고 있는데 오지 않아서 지나가는 MD에
게 물었더니 선배는 완판이 되어 좋아하며 집으로 갔다는 것이었
다. 너무 서운했다. 생닭까지 먹었는데 나에게 아무 말도 없이 집
으로 갔다는 것은 정말 섭섭했다.

생각할수록 너무 서운해서 강의할 때마다 이 이야기를 했다. 1
년에 4만 명 앞에서 이경규 선배 욕을 한 셈이다. 그랬더니 어느
날 이경규 선배에게서 연락이 왔다.

"네가 내 욕을 그렇게 많이 하고 다닌다며?"

"어? 어떻게 알았어요?"

"왜 몰라. 내일 내가 하는 방송을 봐봐."

방송에서 이경규 선배가 "예전에 나를 위해 생닭을 먹어준 표영호에게 정말 고맙다"라고 이야기하는 것이다.

한참이 지난 후 개그맨 이윤석에게 "방송 녹화하러 가면 이경규 선배가 영호 형 칭찬을 그렇게 많이 해요"라는 말을 들었다. 뭐라고 했는지 물었더니 선배가 부탁하면 성심성의껏 도와준다고 말했다는 것이다. '이경규 선배가 나를 그렇게 인정하는구나.' 그동안 욕하고 다닌 것이 미안해졌다. 그래서 그 후로는 이런 이야기까지 다 강연장에서 녹여서 이야기한다. 그리고 나는 선배들이 무슨 부탁을 하면 정말 성심성의껏 도와주게 되었다. 나도 모르게 타인에게 인정받은 대로 살아지더라는 것이다.

그러므로 어떤 사람이 변하기를 바란다면 먼저 상대를 원하는 상태대로 인정해 주자. 상대방이 '내 맘에 쏙 드는 사람이었으면 좋겠다.'라면 내 맘에 쏙 드는 사람으로 포장을 해주라는 것이다. 그러면 그 사람은 정말 내 맘에 드는 사람으로 행동하게 된다. 인정하는 대로 살아지게 되는 것이다.

『심리학의 원리 Principles of Psychology』라는 책으로 우리에게 잘 알려진 심리학의 거장 윌리엄 제임스 William James 는 "인간이 가진 본

성 중에 가장 강한 것은 타인에게 인정받기를 갈망하는 마음이다"
라고 했다. 우리는 누구나 다른 사람들에게 인정받고 싶어 한다.
어쩌면 사랑받고 싶어 하는 마음과 일맥상통하는 것이다. 인정받
으면 행복해지는 것은 물론이고, 그런 인정이 나를 인정받은 대로
나 자신을 운전하게 만드는 묘한 매력이 있다.

　다른 사람에게 인정받는다는 것은 힘겨운 사회생활과 인생을
살아가는 데 심리학적으로 커다란 안정감을 주기에, 우리는 고단
함을 뒤로한 채 사람들과 소통하며 남들에게 나를 좋게 보이도록
애쓰면서 살아간다고 해도 과언이 아니다.

　사람들의 비위를 맞추라는 이야기가 아니다. 나란 사람을 타인
에게 긍정적으로 인정받으려고 해도, 너무 많은 관계 속에서 지친
사람들에게는 관계의 권태기가 올 수도 있다. 하지만 적어도 내가
다른 사람을 대할 때는 내가 그에게서 얻고자 하는 대로 그를 인정
하라. 사람은 상대의 기대에 부응하고 그것을 칭찬받는 것에 행복
감을 느끼기 때문이다.

02

핑계는 기회를
박탈한다

회사(굿마이크)를 설립하고
몇 개월이 지났을까? 나를 만나고 싶다는 사람이 며칠째 계속 전
화가 온다는 직원의 보고가 있었다. 30여 년 전 대학 다닐 때 학교
후배였다. 나보다 1년 후배이면서 나이는 나와 동갑이었고, 10년
전 내가 홍대 인근에 북 카페를 차렸을 때 우리 가게에서 일할 수
없겠냐고 찾아오기도 했던 사람이었다. 그런데 또 나와 일을 하고
싶다고 찾아온 것이었다.

그는 하루 이틀도 아니고 며칠째 나를 찾아와서 열심히 일할 테
니 자리를 달라고 하였다. 나는 그에게 이렇게 말했다.

"네가 우리 회사에 와서 어떤 일을 할 수 있는지, 네가 그동안 어떤 일을 해 왔는지, 네가 가장 잘하는 분야는 어떤 것인지 PPT 파일로 일목요연하게 정리를 해 와라."

그 후배는 "알았다."하고 돌아간 후 한 달이 넘도록 PPT 파일을 가져오지 않았고 결국은 A4용지에 몇 자 적어서 왔다. A4용지에는 이런 단어들이 적혀있었다.

'문화기획…음… 뭐 그런 거'

'새로운 문화'

그 후배는 이렇게 적힌 종이를 앞에 놓고 나에게 설명을 한다.

"선배, 나는 문화기획 뭐… 그런 새로운 문화를 만들어서 뭐… 그런 걸 운영하고…. 음…. 그런 거 있잖아요. 문화기획 쪽의 일을 오래 하다 보니 나는 그런 일에 자신 있으니까, 그런…. 뭐…. 문화기획이랄까? 뭐 좀…. 선배, 알죠? 지금 내가 얘기하는 게 뭔지 알죠? 선배도 이쪽의 일을 꾸준하게 해 왔으니 내가 하는 얘기가 뭔지를 알 거 같은데…."

내 얼굴이 점점 굳어가는 걸 확인했는지 안 했는지…. 이 친구는 점점 더 무덤을 판다.

"영화도 제작하고 영화 시나리오도 써서 꼭 나는 영화를 해보고 싶기도 하고, 또 선배처럼 강의도 하고 싶고…, 참 선배는 대단해요. 예대를 졸업하고 그 많은 동기 중에서 꾸준히 방송 활동도 해서 성공도 하고 지금은 방송하고는 약간 다르지만, 강연도 하고, 참 멋있어. 자리 하나 주면 열심히 할게요."

나는 후배가 가지고 온 A4용지에 "1, 3, 4, 5, 6, 7, 8, 9, 10."을 썼다.

"이게 뭐지?"라고 내가 물었더니 묵묵부답이었다.

그래서 내가 "어? 2가 없네?"

한마디로 어이가 없었다.

나는 이 후배에게 다섯 가지를 충고해 줬다.

첫째, 제안할 때는 구체적으로 할 것.

둘째, 회사라는 것은 조직이기에 조직문화에 순응해야 할 것.

셋째, 윗사람이든 아랫사람이든 사람을 대할 때는 예의 바르게 행동할 것.

넷째, 약속했으면 반드시 지켜야 할 것.

다섯째, 고생을 즐길 줄 알아야 할 것.

이렇게 다섯 가지를 알려줬다.

사실 위의 다섯 가지는 아주 기본적인 것으로서 사회생활에서 필요한 것이다. 내가 이런 기본적인 얘기를 이 후배에게 해준 것은 후배의 태도를 보니 대학 졸업 후 꾸준하게 지속해서 일해본 적이 없고, 일다운 일을 똑바로 해본 적이 없을 것 같아서였다.

내 말을 듣던 후배는 잠시 망설이다가 이렇게 말했다.

"책상 하나 놔 주면 내 일을 조용히 해보고 싶어요. 도와주세요."

나는 그 말을 듣고 1시간 동안 고민했다.

'이 친구의 손을 누군가가 잡아 줘야겠구나. 서로 돕고 사는 것이 인생 아닌가?'

결국, 나는 사무실 한쪽에 그를 위한 자리를 만들어주었다.

자기 일을 해보겠다고 회사에 나온 지 일주일이 지났을까?

그 친구는 일주일 동안 컴퓨터 모니터 앞에 가만히 앉아만 있었다.

'뭔가 구상 중이구나….' 했는데, 할 얘기가 있으니 퇴근 후에 보자는 것이다. 그래서 지금 얘기하라고 하니까 퇴근 후에 보자고 한다. 할 얘기가 있으면 바로 하면 되는데 왜 남으라(?)는 걸까? 이런 태도 역시 마음에 들지 않았다.

모두가 퇴근한 후 후배는 갑자기 무릎을 꿇더니 비장하게 말했다.

"내 일을 하려는데…. 사실 생활이 어렵습니다. 그러니까 월급을 줄 수 있으면 월급을 좀 주시면 회사를 위해서 무엇이든 하겠습니다."

얼마나 어려우면 이럴까 싶어서 마음이 아팠고, 단박에 월급을 주겠노라 했다.

그러나 한편으론 씁쓸한 생각도 들었다.

'자기의 일을 하겠다고 사정해서 마음껏 일해보라고 사무실에 책상도 하나 놓아 주었는데, 일은 하지 않고 이제 월급을 달라는구나.'

하지만 나는 그 생각을 떨쳐 버리고 월급을 주기로 한 것에 대하여 후회하지 않기로 했다. 그런데 정작 문제는 이 후배가 할 수 있는 일이 아무것도 없다는 것이다. 기관 단체나, 거래하는 기업체에 넣는 제안서 만드는 일을 시켜보았지만 하지 않았다. 그래서 왜 하지 않냐고 물으면 제안서 요건 자체가 자기네들 위주로 돼 있어서 안 썼다는 둥, 생각을 깊게 하고 써야 하기 때문이라는 둥, 진짜 중요한 건 형식보다 내용이니까 직접 가서 설명하자는 둥… 들을수록 이상한 얘기를 한다. 결국, 그는 아무 일도 하지 않았다.

하루는 전화기를 붙잡고 큰소리로 짜증을 내며 화를 내고 있었다. 그의 통화 내용을 가만 들어보니, 내용인즉 신생 거래업체의 부장이 우리에게 일을 맡겼는데 그 일이 어디까지 진행되고 있는지 확인하는 단계에서 후배에게 "그거 다 됐나요?"라고 물어본 것이다. 그게 기분이 나빠서 화를 내면서 싸우고 있는 게 아닌가? 거래업체가 부당한 것을 요구한 것도 아니고 예의 없게 하지도 않았는데, "그거 다 됐나요?"라고 물어본 것을 다그친다고 느낀 것 같다. 아무튼, 그는 자기 자신이 일을 제대로 못 하는 것을 들킬까봐, 무슨 문제가 발생하면 무조건 이유를 만들어 '자신의 행동을 정당화'하려고 애썼다.

그러던 어느 날, 나는 아주 쉬운 일을 맡겨 보았다. 교육장에 가서 사진을 몇 장 찍어 오는 일이었다. 요즘 디지털카메라는 누구나 편하게 찍을 수 있도록 만들어져 있기에 예술가가 아니더라도 사진을 잘 찍을 수 있다. '이 정도 일은 너무 쉬운 일이니 잘 해오겠지.'라고 생각했다.

그런데 다음날 출근해서 그가 찍은 사진을 보고 깜짝 놀랐다. 사진을 겨우 3장을 찍어 왔는데, 제대로 찍은 사진이 하나도 없었다. 사진 중앙에 있어야 할 연사는 반쯤 잘려서 찍혀있고,

강연장 전체의 사진은 초점이 나가서 알아볼 수가 없었다. 왜 이렇게 찍었냐고 물었더니, 제대로 찍으려면 카메라에 눈을 대고 보면서 찍어야 하는데 자기는 자기 안경이 카메라에 닿는 게 싫어서 안 대고 찍는단다. 그리고는 말끝에 "나 ○○○은 원래 그런 거 싫어해요."라고 하는 것이 아닌가?

'아, 이 친구를 계속 회사에 두어야 하나?'

심지어는 점심시간을 자기 마음대로 오후 2시 반에서 3시 반으로 정해서 밥을 먹으러 나간다. 왜 그러냐고 물었더니 12시에서 1시 사이에는 사람들이 많기에 자기는 사람들 많은 식당에서 밥을 안 먹는다는 것이다. 출근 시간도 자기 마음대로 11시다. 왜 늦게 오냐? 늦게 오면 다른 직원들도 따라 하게 되니까 그러지 말라고 했더니 자기는 아침을 어머니랑 꼭 먹고 나와야 기분이 좋기에 어머니랑 아침을 먹고 나오면 11시쯤 된단다. 초등학생도 아닌데 어떻게 이렇게 처신할 수 있을까? 처음에 찾아와서 도와달라고 매달리면서 열심히 하겠다고 한 것이 얼마나 지났다고 이럴까?

결국, 난 4개월 만에 그를 회사에서 내보냈다. 어떤 일을 맡기기에도 불안하고, 맡겨 보면 돼 있는 일이 하나도 없고, 진행 자체가 안 돼 있는 게 허다했다. 그리고 늘 말도 안 되는 핑계로 자신을 보호하려 한다. 그러다 보니 성공한 사람들이나 직장생활을 정상적으로 열심히 하는 사람들 앞에서는 자격지심만 커져서 사소한 농담에도 발끈하는 이른바 '찌질이'였다. 나는 더 이상 그와 함께할 수도 없었고 할 필요도 없었다. 마음이 너무 아팠다.

그는 지금도 가끔 나를 찾아온다. 내가 그를 지금도 만나는 이유는 적을 만들지 않기 위함도 있지만, 열심히 사는 내 모습을 보여주면 그도 언젠가는 변할 것이라고 믿기 때문이다. 나는 그에게 지금도 연민의 정이 있다. 잘 됐으면 좋겠고 그가 변한다면 기회를 또 주고 싶다. 그가 핑계 대지 않고 사회생활을 하길 바라고 있다.

03

그렇게 급하면
어제 나오지 그랬어?

내가 변하지 않으면 아무것도 변하는 것이 없다. 나는 '모든 소통은 나부터', '내 안의 작은 변화가 먼저'라는 생각하고 있다. 내가 변하지 않고 타인의 모순만 찾아낸다면, 늘 다투고 삐지고 서운해서 덤비고 대들고 하는 투쟁의 연속일 것이다.

모든 위대한 업적도 '아주 작은 변화를 모색하는 데서 출발한다.'라는 것을 생각해보면 지금 당장 내게 필요한 만큼의 작은 변화를 추구해야 할 것이다.

그렇다면 '변화'라는 것은 무엇일까? 그동안 살아왔던 행동 습관이나 사고의 습관을 바꾸는 것이다. 그런데 바꾸는 것이 사실 쉬운 것은 아니다. 어떤 변화든지 작은 저항에서부터 심지어는 감당하기 어려울 만큼 커다란 저항까지 만나게 된다. 그러나 그런 저항도 나의 의지를 넘지는 못한다고 믿는다. 의지만 있다면 충분히 가능하다는 얘기다.

나 자신과 약속한 것이 있는데 그것을 지켰는가? 못 지킨 것이 있다면 그것은 못 지킬 저항을 만난 것이다. 예를 들어 퇴근 후에 일주일에 2일 정도는 운동하겠다고 다짐했다. 퇴근 때만 되면 지인들이 술 약속을 잡기에 운동하지 못한다고 가정한다면, 그것도 변화에 필요한 나와의 약속을 술 약속이라는 저항에 부딪혀 지키지 못한 것이다. 내 안에 작은 변화라도 몰고 오려면 이런 작은 저항을 이겨 내야 한다. 이런 저항을 이겨 내지 못하면 변화에 실패하게 되고 그냥 살아온 대로 계속 살게 된다.

나는 모든 약속 시각에 '반드시 5분 전에 내가 먼저 도착한다.'라는 기준을 세워두고 지키려고 애쓴다. 약속 시각에 늦는 사람보다는 먼저 와 있는 사람이 신뢰를 얻는 면에서 더 유리하기 때문이다. 그런데 차가 밀린다든지 주차하는 데 시간이 좀 더 걸린다든지

하는 일로 인해서 약간씩 늦는 경우가 있다. 요즘은 그런 것까지도 고려해서 움직이려고 애쓰지만, 종종 늦는 경우가 있는 것은 사실이다. 차가 밀렸다는 뻔한 핑계는 대지 않으려고 애쓴다.

'요즘에 차 안 밀리면 이상한 거 아닌가?'

매일 밀리는 도로인데 그걸 핑계 삼을 수가 없어서 차라리 "좀 늦게 출발했습니다."라고 솔직하게 얘기한다. 그게 더 좋은 인상을 주기 때문이다. 오죽하면 급하다고 빨리 달리는 차를 경찰이 붙잡고 하는 얘기가 있지 않은가?

경찰 : 속도위반으로 스티커 발부하겠습니다.

운전자 : 한 번만 봐주세요. 너무 급해서 그랬어요.

경찰 : 아니, 그렇게 급하시면 어제 나오시지 그러셨어요?

맞는 얘기 아닌가? 변화라는 게 사실 별거 아니다. 예를 들어 매일 늦잠을 잤던 습관이 있다면 조금 일찍 일어나는 습관으로 바꿔보는 것이다. 또 술만 마셨다 하면 많이 취하는 습관이 있다면, 역시 마지막 잔은 마시지 않는 것으로 음주 습관을 조금 수정한다든지, 아침에 화장하는 데 시간이 너무 많이 걸려 직장에 지각한다면 화장하는 시간을 좀 단축하는 법을 배운다든지, 외출할 때 옷 골라 입는데 시간을 많이 뺏기는 경우는 전날 옷을 골라 놓는다든지, 집

안이 이것저것 정리가 되지 않아 짜증 내는 일이 많았다면 그동안 쓰지 않거나 입지 않았던 옷들을 과감하게 정리를 해본다든지 하는 아주 작은 생활의 습관을 바꾸는 것에서 변화를 만들어 낼 수도 있다.

　생각의 변화도 마찬가지다. 자주 삐지거나, 결단력이 없거나, 너무 급한 결정을 내린다든지 하는 사고의 습관도 그동안의 방법이 아닌 것으로 살짝 바꾸어 보고, 그것이 습관이 될 때까지 바꾸는 연습을 계속한다면 머지않아 자신이 바뀌어 있는 것을 발견하게 될 것이다.

　화를 자주 내는 사람이 있었다. 화를 자주 내다보니 주변 사람들이 하나둘 떠남은 물론 자신도 좋지 않은 인상으로 바뀌어 있는 것을 보게 되었다. 그래서 화가 나거나 짜증이 날 때마다 일부러 웃는 얼굴 연습을 했더란다. 화가 나거나 짜증이 날 때 웃는 얼굴 모습을 하는 것이 습관이 될 때까지는 약 3개월이 걸리더란다. 훈련을 통해서 습관을 만들어 일부러 웃는 것이 자연스럽게 되니까 화가 나면 웃는 얼굴이 되더라는 것이다.

　주변 사람들은 그가 화가 나도 웃는 것을 본 후 "이 사람은 정말 온화한 사람이구나." 하면서 자기를 대단하게 보더라는 것이다. 이렇게 그동안 가지고 있던 습관이나 방법을 바꾸어 보는 것도 변화의 시작인 것이다.

우리 회사 직원 중 한 명은 출근 시간이 9시인데 항상 9시 10분이 되어서야 뛰어 들어오곤 했다. 이렇게 출근 시간에 지각을 한 날은 미안해서인지 서로 간에 아침 인사도 성의 없이 하게 되고 온종일 투덜거리는 것을 볼 수 있었다. 그래서 이런 얘기를 해줬다.

차라리 집에서 나오는 출발 시각을 항상 30분 전으로 맞춰놓고, 8시 40분이 출근 시간이라고 생각해보라고. 일찍 출근하면 나중에 오는 사람들에게 웃으면서 여유 있게 인사도 하게 되고, 온종일 짜증도 좀 덜 나게 될 것이라고 말이다. 이 직원은 그다음 날부터 할 수 없이 일찍 출근하게 되었다. 이렇게 몇 번을 일찍 나오더니 나중엔 그것이 습관이 되어서 표정도 밝아지고, 인사성도 좋아지고, 대인관계가 좋아지는 것을 볼 수 있었다.

이런 작은 변화가 커다란 선물을 몰고 오는 것이다.

기업도 마찬가지다. 이대 앞 작은 가게에서 출발한 이랜드 그룹은 사내 청소를 직원들이 직접 한다고 한다. 청소나 정리를 직원이 직접 해야 물건을 아껴 쓰고 애사심이 더 생긴다는 취지인데, 다른 기업에서는 잘 하지 않는 기업 문화이다. 이런 것은 작은 부분이지만 결국엔 기업의 마인드 변화가 아니겠는가?

중소기업진흥공단의 어느 투자 담당자는 투자 및 지원할 회사에 현장 실사를 나갈 때 화장실을 먼저 본다고 한다. 아니, "투자와 화장실이 무슨 관계인가?" 하겠지만 화장실을 보면 그 회사의 관리 상태와 직원들의 애사심을 알 수 있다는 것이다. 화장실이 깨끗하지 않으면 회사에 손님들이 왔을 때 불쾌할 것이고, 또 여기서 근무하는 직원들은 '얼마나 근무하기 싫을까?'라는 생각이다. 그리고 이렇게 애사심이 생기지 않는 직장에서 무슨 창의적인 경제 활동이 이뤄지겠는가 하는 얘기다.

변화는 아주 작은 부분에서 시작된다. 이 변화가 후에 큰 변화를 몰고 온다. 그것이 결국은 모든 것을 가능하게 한다.

04

K-Pop은 어떻게
전 세계의 주류가 되었을까?

기회를 기다려서는 안 된다.
기회를 찾아 나서야 한다. 기회를 기다리는 사람은 기회를 찾아 나
서는 사람의 뒤에 서게 된다.

마이크로소프트의 빌 게이츠Bill Gates에게는 절친한 친구 콜레
트가 있었다. 하버드 대학교에 입학해 서로를 알게 된 빌 게이츠와
콜레트는 소프트웨어를 개발하고 싶은 꿈이 있었다. 빌 게이츠가
제안했다.

"우리 자퇴해서 사업하자. 요즘 재무회계 프로그램이 뜨니까 같

이 프로그램을 개발해보자, 친구야. 우리 실력이면 충분하지 않겠어?"

콜레트는 거절했다.

"나는 학업을 더 해야 해. 박사학위를 받을 거야."

콜레트는 소프트웨어를 개발하려면 먼저 모든 수업 과정을 배워야 한다고 믿었기에, 대학을 중퇴하고 사업으로 바로 뛰어들 확신과 용기가 없었다. 그 후 10년이 지났을 때 콜레트는 하버드 대학교 박사 과정 중이었고, 빌 게이츠는 이미 억만장자 대열에 속해 있었다.

콜레트는 1995년 박사학위를 따고 그때야 32bit 재무회계 프로그램 사업에 뛰어들었지만 성공할 수 없었다. 빌 게이츠는 그때 32bit보다 1,500배나 빠른 회계 시스템을 개발하여 상용화하고 있었기 때문이다. 빌 게이츠의 절친한 친구 콜레트는 지금 무슨 생각을 할까? 물론 학업을 포기하고 빌 게이츠와 함께한다는 것은 상당히 어려운 결정이었을 것이다. 하지만 통계를 보면 상당히 재미있다. 미국의 자수성가형 부자 Top 100명 중 4분의 1이 자퇴생이라고 한다. 빌 게이츠를 비롯해 애플의 스티브 잡스Steve Jobs, 페이스북의 마크 저커버그Mark Zuckerberg, 오라클의 래리 앨리슨Larry Ellison, 델 컴퓨터의 마이클 델Michael Dell, 버진 그룹의 리처드 브랜슨Richard Branson, 텀블러의 데이비드 카프David Karp, 트위터의 에반

윌리엄스Evan Williams, 마이크로소프트의 공동 창업자 폴 앨런Paul Allen 등 세계적 기업을 운영한 숱한 사람들이 바로 자퇴생이다. 그렇다고 이 책을 덮고 자퇴할 필요는 없다.

변화를 앞서 예측하고 과감하게 가진 것을 모두 버리고 변화에 올인한 사람으로는 SM엔터테인먼트 회장이자 최대 주주인 이수만을 빼놓을 수 없다. 서울대학교 농과대학을 졸업하고 미국 캘리포니아 주립대학교에서 컴퓨터공학 석사학위를 받은 이수만은 H.O.T가 스타로 뜨기 전에 자신이 가진 모든 것을 내려놓고 달려들었다. 당시 〈젊음의 음악캠프〉를 포함해 3개의 프로그램을 진행하고 있었고, 1977년 제1회 대학가요제 MC를 맡은 이래 1998년까지 무려 8회나 MC로 활약을 했을 정도로 MC 제의가 끊이지 않았으며, 한 달 출연료만 해도 내 짐작으로 4,000만 원이 넘을 때였다. 그 정도 수입이면 모든 것을 버리지 말고 MC 활동을 병행하면서 가수를 발굴해도 될 텐데, 왜 될지 안 될지 모르는 매니지먼트 사업에 올인하는지 당시 신인이었던 나는 도무지 이해되지 않았다.

그러나 당시 이수만의 행동에는 망설임이 없었다. 아이돌이라는 말조차 생소하던 시절부터 H.O.T, S.E.S, 보아, 동방신기, 소녀시대, 샤이니 등 아이돌 가수를 기획했고, H.O.T가 중국과 일본, 동남아 등에서도 인기를 얻자 이후에는 철저히 해외 진출을 염두에 둔 아이돌을 육성하기 시작했다. 일본 진출이 목표였던 보아나 중국 진출이 목표였던 슈퍼주니어 등은 이수만이 기획하기 전에는 한국에 없었던 스타일의 가수들이었다.

이수만은 변화가 필요할 때 과감한 결단으로 스스로 옭아매는 배수진 작전을 쓰며 올인함으로써 한류 음악문화를 만드는 데 성공했다. 망설임 없이 모든 프로그램을 그만두고 신인 발굴에만 열중했기 때문에, 이듬해에 H.O.T가 성공했고 S.E.S, 신화, 플라이 투 더 스카이, 보아, 동방신기, 천상지희, 슈퍼주니어, 소녀시대, 샤이니, f(X), EXO, 레드벨벳 등의 수많은 아이돌 그룹이 전 세계로 뻗어 나가 K-POP을 알릴 수 있었다. 국내 차트 순위에 연연하는 대신 유튜브를 통해 해외 시장을 일찍부터 공략한 것도 이수만과 SM이었다. 만일 이수만이 당시 적지 않았단 출연료에 연연했다면, 한류 문화는 지금처럼 빨리 광범위하게 발전할 수 있었을까? 이렇게 빨리 전 세계가 K-POP을 주목했을까?

"우물쭈물하다가 내 이렇게 끝날 줄 알았지."

아일랜드의 유명한 극작가이자 1925년 노벨문학상을 받은 조지 버나드 쇼George Bernard Shaw가 95세의 나이로 사망하면서 유언으로 자신의 묘비에 새기게 한 글귀다. 죽음을 앞두고 본인이 직접 새기게 했으니, 분명 그의 95년 인생에서 얻은 것을 이 한 줄에 집약시켰을 것이다. 그는 분명 우물쭈물 망설이지 말고 무엇이든지 당장 실천하라고, 망설이거나 머뭇거리는 데 시간을 낭비하지 말라고 말하고 싶었을 것이다. 아무리 좋은 기회가 오고, 아무리 매우 급한 상황이 닥치고, 아무리 위기의 순간이 닥쳐도 행동하지 않는다면 그 무엇도 해결할 수 없다. 기회가 오면 움직여서 잡고, 긴박한 상황이나 위기가 닥치면 창조적인 변화를 통해 위기를 기회로 바꾸어야 한다.

변화해야 할 시기에 기존의 것을 움켜쥐고 있다가 망한 많은 기업 중 대표적인 것은 아마 코닥일 것이다. 코닥은 1975년에 디지털카메라를 세계 최초로 개발했고, 그것으로 망했다. 우리가 쓰는 휴대폰에도 장착된 디지털카메라의 효시는 코닥이 만들었고, 한때 전 세계 필름 시장의 90%를 장악했던 그룹임에도 불구하고, 변화에 대처하지 못하자 망하고 만 것이다. 코닥은 자신의 주력 산업인 필름 카메라와 필름을 파는 데 급급해서 시장을 제대로 읽지 못했다. 필름을 팔 수 없는 디지털카메라는 마음에 들지 않았기 때문일까? 오프라인의 왕자였던 코닥은 온라인 시대를 읽지 못했고, 고화질의 종이 사진의 가치는 변하지 않는다고 믿었다. 디지털로의 변화를 망설이다가 제때 대응하지 못한 것이다.

내가 협업을 했던 사람 중에는 쓸데없이 생각이 많은 사람이 있었다. 계획을 공유하고 계획대로 한두 달 안에 준비해서 바로 일을 시작해야 하는 프로젝트인데도 불구하고, 일주일 후 어디까지 진행되었는지를 물었을 때 그는 아직 생각 중이라고 답했다. 다시 일주일이 지났을 때 역시 생각 중이라고 했다.

1년이 지난 뒤 그 프로젝트를 남들도 다 하고 있고 이미 성공한 사례들이 나올 때까지 그는 그 일을 하지 않았다. 왜 하지 않았느냐고 물으면 생각을 먼저 하고 일해야 한다는 것이다. 예를 들어 가을 콘서트는 봄에 기획해서 가을이 오기 전에 준비하고 가을에 마쳐야 하는 일인데, 가을 콘서트를 1년 동안 생각만 하다 겨울을 맞이하게 된 것이다.

한참이 지난 후에 우리가 계획하던 일을 다른 회사에서 시도해 성공하면, 그때는 그 일이 그렇게 잘될 일인지 생각 못 했다고 이야기한다. 모든 일을 이런 식으로 하는 사람이어서, 말이 협업이지 일을 맡겨 놓으면 무엇 하나 속 시원하게 해놓는 법이 없었다. 물론 당연한 일이지만 그와는 더 이상의 일을 공유하지 않는다.

비단, 일뿐만이 아니다. 망설이다 보면 사랑하는 사람을 놓칠 수도 있고, 심지어는 생명이 위험해질 수도 있다. 우리는 변화에 망설일 시간이 없다. 러시아의 대문호 톨스토이 Leo Tolstoy 도 "누구나 세상을 바꾸고 싶어 하지만 정작 자기 자신을 바꾸려 하지 않는다"라고 꼬집었다.

　내가 아는 과일가게 김 씨 아저씨가 커다란 건물의 주인인, 조물주보다 한 수 위라는 건물주가 되었다. 불과 10년 전, 나는 그를 그냥 과일가게 아저씨라고 불렀다. 그런데 인터넷 바람이 불면서 누군가 그에게 과일 장사를 인터넷으로 해보라고 권했다. 인터넷으로 과일을 팔면 보이지 않는 곳에서도 주문이 들어온다고 말해주더라는 것이다.

　인터넷으로 과일 장사를 하고 싶어진 아저씨는 단숨에 인터넷을 배우러 다녔다. 컴퓨터 모니터가 뭔지, 소프트웨어나 하드웨어가 뭔지도 몰랐고, 워드 프로그램으로 글을 쓸 줄도 몰랐다. 글과 사진, 가격 정도만 올리는 단순한 능력만 있으면 인터넷으로 과일을 팔 수 있지만, 인터넷 활용법을 전혀 모르니 배우러 다닐 수밖에 없었다.

　컴퓨터를 배운 지 3개월 만에 마침내 인터넷으로 과일을 팔기 시작했다. 결과는 놀라웠다. 산지에서 자신의 창고로 오기 전에 과일은 이미 판매되었으며, 길거리 가게에서 과일을 팔 때보다 매출이 엄청나게 증가했다. 요즘처럼 너나없이 인터넷에서 물건을 팔던 시절도 아니었기 때문에, 그는 인터넷 과일 장사 몇 년 만에 커다란 건물을 살 수 있었다. 이제 사람들은 그를 김 씨 아저씨가 아니라 김 회장님이라고 부른다. 다른 과일가게를 하던 분들은 인터넷을 함께 배우자고 했을 때 알았다는 말만 할 뿐 배우려고 하지 않았다. 그분들은 지금도 여전히 길거리 과일가게를 운영하고 있다.

변화의 흐름을 타는 것은 보트를 타고 급류를 거슬러 올라가는 것과 같다. 남들이 변화하기 위해 악착같이 노를 저으며 상류로 힘들게 올라갈 때, 변화가 두려워 배 안에 엎드려 있다면 과연 현상 유지가 될까? 결코 아니다. 남들은 열심히 노를 저어 상류에 가 있는 동안, 배는 흐르는 물살 때문에 제자리에 머물러 있지 않고 저 아래쪽으로 밀려 내려가기 때문이다. 뒤늦게 변화하려고 마음먹고 후발주자가 출발할 때는 선두에서 달려나갔던 사람들과의 격차는 이미 따라잡을 수 없을 만큼 벌어져 있기 마련이다.

변화하는 데에도 다 시기가 있다. 변화의 필요성을 느낀다면 망설이지 말고 당장 실천하라. 아주 작은 도전이 원하는 것을 이루게 해주기 때문이다. 토인비A. J. Toynbee는『역사의 연구A Study of History』라는 책에서 "세계의 문명을 선도했던 제국들이 망한 이유는 자연의 재앙이나 외세의 침입이 아니라 변화를 거부하고 지나친 자기만족과 자기도취에 의한 내부 문제"라고 꼬집었다. 변화가 필요한데 변화하려고 시도하지 않고 망설인다면, 현상 유지라도 하려고 가만히 그 자리에 머무른다면, 잃을 것이 없는 것이 아니라 망하게 된다.

05

너! 내가 누군지
알아?

                                모 외교관이 음주운전
단속 자리에서 음주 측정을 거부한 채 단속 경찰에게 행패를 부리
며 이렇게 외친다.

"이게 어디서…. 너 내가 누군 줄 알아?"

제발 누군지 좀 알게 운전면허증 주시죠?

현 국회의원이 동사무소에 찾아가서는 대뜸 소리를 친다.

"아까 전화 받은 사람이 누구야? 내가 누군 줄 알고 건방지
게…."

대체 어떤 서비스를 원하시는지?

술집과 노래방 등에서 상습적으로 주인을 협박해 무전취식을 일삼는 사람이 외친다.

"야! 너 내가 누군 줄 알아? 나 공수부대 나온 사람이야."

술집, 노래방 주인들도 산전수전 공중전 다 겪은 다음 차렸거든요.

폐점 시간이 가까운 백화점 식품매장, 줄이 제법 길게 서 있는데 손가락에 굵은 알반지를 낀 여자가 삿대질하며 신경질을 내고 있다.

"계산 좀 빨리빨리 하란 말이야. 나같이 바쁜 사람을 세워두고 뭐 하는 거야."

그렇게 바쁘면…, 어제 오시지 그랬어요?

상상만 해도 인상 찌푸려지는 상황들을 심심치 않게 뉴스에서 볼 수 있다. 혹은 실제 생활에서 일어나기도 한다. 고위 공직자, 높은 지위, 힘깨나 쓰는 사람들은 도대체 왜 "내가 누군지 알아?" 이 말을 그렇게 좋아하는 것일까? 얼굴 좀 알려진 연예인이 자신을 몰라봐 주면 섭섭한 마음이 드는 그런 심리는 아닐 테고, 얼마나 대단하기에 모든 국민이 자신을 알아봐야 하고, 소위 알아서 기어야 하는 걸까? 좋은 일 하고 알아봐 주길 바란다면 또 모를까, 누구 알아볼까 무서운, 남세스러운 일에서 왜 누군지 알아봐 주는 것을 원할까? 자기 얼굴에 침 뱉기인데 말이다.

'해럴드 맥밀런'은 1957년부터 1963년까지는 영국 총리를 지낸 인물이다. 맥밀런은 영국인들이 존경하는 정치인 중 한 명이었는데, 그가 영국 수상직에서 물러난 지 얼마 되지 않아 이런 일이 있었다. 그는 런던 전철역에서 전차를 기다리며 신문을 읽고 있었다. 신문 읽는 데 너무 집중한 나머지 전차가 들어오는 줄도 몰랐다. 그러자 옆에 있던 한 소년이 전차가 들어온다는 사실을 알려주었다. 서로의 이름을 주고받다가 소년은 말한다.

"수상이셨는데 어째서 전차를 타려고 줄을 기다리세요?"

그러자 맥밀런은 이렇게 말한다.

"얼마 전까지는 영국의 총리였지만 지금은 그저 평범한 시민이니까."

"그래도 국민이 존경하는 높은 분이잖아요?"

그러자 맥밀런은 또 이렇게 말한다.

"아무리 수상이라도 그 자리에서 물러나면, 보통 시민과 똑같게 됩니다. 수상은 나랏일 때문에 바빠서 전용차를 타고 다니지만,

나는 이제 급한 일이 없으니까."

맥밀런의 일화를 듣고 좀 뜨끔한 높으신 분들이 많았으면 좋겠는데, 뭐 그런 양심이 있었다면 평소 "내가 누군데!"를 외치진 않았겠지? 권력을 마음껏 휘두르고, 높은 지위를 이용해 사리사욕을 채웠던 사람들은 그 자리에 물러나고 나서도 그 혜택, 그 힘을 그대로 누리려고 한다. 그래서 그토록 소원했던 전 국민이 다 알아보는 망신살의 주인공이 되기도 한다.

추사 김정희의 명언 중, '욕존선겸 과난성상欲尊先謙 過難成祥'이 있다. 남에게 존경을 받으려면 먼저 겸손해야 하고, 온갖 어려움을 거쳐서야 좋은 일이 이루어진다는 말씀을 담고 있는데, 절로 고개가 끄덕여지지 않는가? 나를 존경하는 것은 절대 스스로 할 수 없는 일이다. 하루아침에 이뤄지지도 않는다. 그렇기에 한 사람이라도, 진심으로 나를 존경하는 사람이 있다면 어쩌면 성공한 삶에 속할 것이다. 어디 가서 대접받으려면 큰소리치지 말라. 나보다 아랫사람, 힘없는 사람, 나보다 부족한 사람에게 베풀어서 받는 대접이야말로 진짜 대접인 것이다.

내가 아는 선배 중에는 어디를 가나 항상 VIP 대접을 받는 분이 있다. 돈이 많아서일까? 돈을 잘 써서일까? 아니다. 식당에 가거나, 주차하거나, 종업원에게 막말하거나 화를 내거나, 짜증을 내는 일이 없다. 한 번은 식당 종업원이 서빙을 하다가 미끄러지는 바람에 그에게 간장 국물을 엎었다. 식당 사장은 나와서 연신 미안하다며 사과를 했고, 그분은 괜찮다며 이렇게 이야기한다.

"집에 들어가면 마누라가 저녁 뭐 먹었는지 물어보는데 오늘은 물어보는 수고를 안 해도 되니까 더 잘 됐습니다. 허허."

종업원의 처지에서 보면 이 얼마나 존경스러운 일인가? 그러니까 가는 곳마다 종업원들에게 VIP 대접을 받는 것이다.

06

꾸준함은
열정을 이긴다

"꾸준함이 열정을 이긴다."

어느 성공한 기업가의 말이다.

마부작침磨斧作針이라는 말이 있다. 도끼를 갈아 바늘을 만든다는 뜻으로, 아무리 어려운 일이라도 참고 계속하면 언젠가는 성공한다는 뜻이다. 우직한 사람이 산을 옮긴다는 우공이산愚公移山도 비슷한 의미를 내포하고 있다.

도끼를 갈아 바늘을 만드는 것은 열정보다는 꾸준함이다. 산을 옮기는 것도 열정보다는 꾸준함이다. 굳이 마부작침이나 우공이

산이라는 말까지 들먹이지 않아도, 꾸준함이라는 단어의 힘을 우리는 잘 알고 있다. 젊은 친구들과 이야기하다 보면, 어떤 일을 하는 데 가장 중요한 것은 열정이라고 생각하는 사람들이 많다. 물론 열정 없이 되는 것은 없겠지만, 적어도 내가 경험한 바로는 열정보다 더 강한 것이 꾸준함이다.

열정보다 꾸준함이 더 빛을 발하는 것은 사랑에서도 마찬가지다. 물론 남자와 여자가 처음 만나 연인이 되기까지는 열정이 필요하다. 서로에게 열정을 느껴야 남들과 다른 사이가 되고, 보고 싶고 함께 있고 싶고 머릿속에 끊임없이 떠오르기 때문이다. 열정이 있어야 사랑에 빠진다. 하지만 일단 사랑이 시작되고 나면 이야기가 달라진다. 두 연인이 금방 헤어지는지, 사랑이 오래되어 결혼에 골인하는지는 꾸준함에 달려 있다. 다들 인정하다시피 뜨거운 사랑의 유통기한은 그다지 길지 않기 때문이다.

그래서 나는 뜨거운 사랑을 하는 사람들이 부럽기도 하지만, 그보다 더 부러운 것은 꾸준히 오래가는 연인들이다. 사랑의 크기보다는 이해의 크기가 큰 사람들이 꾸준함이 있다.

나처럼 아주 작은 소기업을 운영하다 보면 좋은 직원을 구한다는 것은 하늘의 별 따기보다 어렵다. 어쩌면 복권 1등 당첨만큼 어려운 일이다. 그나마 괜찮아 보이는 직원을 뽑아 당장 필요한 일을 가르쳐서 이제 일할 만하다 싶으면 홀연히 회사를 나간다. 그래서 어떤 일을 가르쳐서 뭔가 새로운 일을 펼쳐보고 싶을 때가 되면 직원을 다시 뽑아야 한다. 계속 악순환인 것이다.

나도 사업을 하면서 포기하고 싶을 때가 한두 번이 아니었다. 작은 회사를 운영하다 보니 직원이 잘 따라오지 않는다고 그 직원을 두고 새로운 직원을 뽑을 수도 없다. 매출을 올리려고 신경 쓰는 사람이 나 하나뿐인 것 같은 생각이 들면 외롭기까지 하다. 회사의 방향이나 문제를 놓고 상의할 사람이 없으면 극도의 외로움이 밀려온다. 그 외로움으로 죽을 만큼 힘들어 포기하고 싶을 때가 많다. 그런데 포기하고 싶다고 해서 포기되지 않는다는 것이 문제다. 성공한 사람들은 이와 같은 애환의 스토리를 천 개씩 가진 사람들일 텐데, 난관이 있다고 포기한다면 성공할 수 있는 사람은 아무도 없는 것이다.

어려움을 많이 겪어본 사람일수록 힘든 일을 해내고 큰 성공을 이룰 가능성이 크다. 하기 쉬운 일만 하던 사람은 자신이 해보지 않은 일에 부딪혔을 때 포기하는 경우가 많다. 습관이 되지 않아서다. 그런데 자신이 잘 모르는 일을 만났을 때 그것을 어떻게든 해결해보는 사람들은 그다음 일도 해결된다. 그러면서 꾸준함이 생긴다.

열정으로 한두 가지 일을 짧은 기간에 해낼 수는 있다. 그런데 성공하려면 짧은 기간에 열정을 가지고 하는 한두 가지 일들을 꾸준히 해야 한다. 자신이 좋아하는 일, 하고 싶은 일이니까 꾸준히 할 수 있다고 말할 수도 있겠지만, 성공한 사람들은 자신이 하기 싫은 일도 꾸준히 해왔다. 하기 싫은 일도 꾸준히 해내는 끈기와 근성, 우직함이 바로 성공의 비결이다.

도스토옙스키Fyodor Dostoevsky도 처음부터 대단한 문장가는 아니었다. 20년 넘게 글을 쓰면서도 러시아 평론가들에게 '글이 너저분하고 잡동사니 같다'라는 혹평을 듣기 일쑤였다. 1849년 봄에는 러시아의 황제 니콜라이 1세Nikolai I 로부터 사형선고까지 받았다. 러시아의 잘못된 정치를 비판하던 사람들에게 사형선고를 내렸는데, 28살의 문학청년 도스토옙스키도 그 명단에 있었다. 사형 집행 직전에 사형수에게 마지막 5분의 시간이 주어졌다. 그때 그는 5분이라는 시간이 얼마나 소중한지를 절실하게 알게 되었고, 시간의 소중함을 알지 못했던 지난날을 뼈저리게 후회했다. 다행히도 사형당하기 직전에 황제의 명령으로 목숨을 건지게 된 도스토옙스키는 유배지에서도 죽음 직전의 5분을 잊지 않고 시간을 황금처럼 아끼며 집필을 했고 사형선고 이후에 나온 글이 바로 『죄와 벌』, 『카라마조프의 형제들』같은 세계적인 작품들이다.

이랜드 창업자 박성수 회장은 근무력증으로 5년 넘게 누워 지내다 2평짜리 옷가게에서 시작해서 지금의 이랜드 그룹을 만들었다. 장애물을 만날 때마다 그것을 뛰어넘는 것을 기회라고 생각했다고 한다. 그것이 꾸준함이다. 농구 천재 마이클 조던은 경기 중에 9,000번이 넘는 슛에 실패했고 3,000번 넘게 게임에서 졌다. 그런데도 꾸준한 연습으로 세계 최고의 농구선수가 된 것이다.

이렇게 이름만 대면 다 아는 유명한 사람이 아니라도 우리 주변에는 정말 훌륭한 사람이 많다. 내가 만든 최고위 과정(굿마이크 LSA) 6기 원우 중 숙박업 플랫폼 '야놀자'의 이수진 대표가 있다. 지금은 성공한 면을 높게 평가받는데 사업 초기에는 정말 포기하고 싶었던 순간이 많았다고 한다. '윗물이 놀아야 아랫물이 논다'라는 신조를 지닌 그는 2001년 그의 나이 24살 때 숙박업소에서 청소 등 허드렛일부터 시작했다. 오전 10시부터 새벽 1시까지 객실을 청소하며 일을 배웠고 이후 주차 및 프런트 관리 등으로 업무 영역을 넓혀가다가 2005년 3월 야놀자 법인을 설립했다. 야놀자는 현재 '야놀자 숙박', '야놀자 당일 예약' 등 숙박서비스와 '야놀자 데이트', '야놀자 여행' 등 놀이문화 콘텐츠 서비스를 하고 있을 뿐만 아니라, '에이치에비뉴', '쵸텔야자', '호텔엔', '모텔 얌' 등 숙박 프랜차이즈까지 운영하고 있다.

그는 가난에서 벗어나기 위해 사업을 시작했다. 가난한 집에서 태어난 그는 고등학교 때 친구 집에 놀러 갔다가 햄이 들어있는 김치찌개를 처음 먹어봤고 자기 집에서는 김치만 들어있는 김치찌개를 끓여 먹었는데 김치찌개에 들어간 햄이 얼마나 맛있던지, 너무 부러운 나머지 친구에게 물었다.

"너희 집은 김치찌개에 햄을 매번 넣어서 먹니?"

"아니, 햄을 넣을 때도 있고 고기를 넣어서 먹을 때도 있는데?"

그래서 이수진은 '나도 꼭 성공해서 김치찌개에 햄 넣어 먹는 사람이 돼야지'라고 생각했다고 한다. 포기하고 싶을 때마다 그 장면을 생각했더니 포기가 안 되더란다. 그래서 10년 넘게 그런 작업을 해온 것이다.

세상에서 가장 어려운 일이 꾸준함을 갖는 일인 것 같다. 사랑하는 사람들이 결별하는 이유도 처음에 만났던 사랑의 느낌을 꾸준히 갖지 않기 때문이다. 어느 방면이든 성공한 사람은 꾸준하지 않은 사람이 한 명도 없다.

토끼와 거북이 경주에서 토끼는 거북이 정도는 이긴다고 생각하고 잠이 들었다가 진다. 만약에 거북이가 느린 거북이가 아니라 토끼만큼 빠른 거북이였으면 토끼가 그렇게 쉬어갈 수 있었을까? 이 이야기가 던지는 것은 꾸준함이다. 파워 블로거들의 성공 비결

또한 꾸준함일 것이다. 매일 블로그를 관리하는 건 쉬운 일이 아니다.

어릴 때 방학 숙제 중에 일기 쓰기가 있었다. 나는 왜 일기 쓰기를 방학 숙제로 내고 검사하는지, 도대체 선생님은 왜 내 일거수일투족이 궁금한 건지 의문이 들었다. 그래서 개학 직전 벼락치기로 써서 제출했다. 지금 생각해보니 일기 쓰기는 꾸준함을 가르치는 것이었다. 꾸준함이라는 것을 습관화시켜 주려는 의도가 다분한 숙제였다. 진짜로 매일 일기를 쓰는 아이 중에는 공부 못하는 아이가 거의 없다. 또한, 내일 할 것을 미리미리 잘 준비한다. 초등학교 때 습관이 중고등학교로 이어지고, 문학소녀도 그렇게 만들어지는 것 아닐까?

우리 회사를 거쳐 갔던 직원들을 보면, 열정 있는 친구들은 보통 3개월을 못 넘기고 그만둔다. 조금 복잡한 일을 시키면 그 일이 끝난 후에 그만둔다. 그런데 처음부터 열정을 보이진 않았던, 조용히 꾸준한 친구들이 시간이 지나고 보면 업무 성과도 좋고 스스로 성장도 빠르다.

그렇다면 꾸준함을 유지하려면 무엇이 있어야 할까? 목표가 분명해야 한다. 대입 수능 수험생이 열심히 공부할 수 있는 이유는 수능시험 날이라는 디데이 목표가 있기 때문일 것이다. 그냥 수양

하듯 도를 닦듯 공부하라면 아마 고3 수험생처럼 처절하게 하지는 못할 것이다. 목표가 있으면 그다음에는 계획을 세워야 한다. 계획이 없는 목표는 그냥 희망 사항이거나 꿈일 뿐이다.

'나는 부자가 될 거야', '나는 꼭 성공할 거야'라는 생각은 목표가 될 수는 있지만, 그렇게 되기 위한 계획이 없다면 그것은 그냥 바람일 뿐이다. 무엇을 하나하나 준비해야 하는지를 검토하는 것이 계획의 시작이다. 그다음에 필요한 것은 실행에 옮기는 것이다. 목표든 계획이든 실행에 옮기지 않으면 그것은 그냥 헛된 희망일 뿐이다. 그래서 꾸준함이 열정을 이기는 것이다.

한번 계산해보자. 어떤 사람이 10대부터 40대까지 24년 동안 매일 2시간씩 무언가를 공부했다 치자. 그는 2년을 꼬박 그 공부를 한 셈이다. 잠도 안 자고 밥도 안 먹고 순수하게 공부한 시간만 2년이다. 그러면 공부한 것이 무엇이든지 그는 그 분야의 전문가 수준이 될 것이다. 기타를 배웠든, 영어 회화를 공부했든, 한자 공부를 했든, 법학 공부를 했든 말이다. 72년 동안 하루에 1시간씩 무언가를 공부하면 3년이 된다. 얼렁뚱땅 낭비하기 쉬운 하루 한 시간 동안 꾸준히 무언가를 한다면, 꾸준함은 우리를 그 분야의 전문가로 만들어 준다.

잠시 잠깐 꾸준함을 이기는 것을 보았다. 열정이라든지 천재성이라든지 하는 것들 말이다. 그러나 그것은 일시적이었다. 세상에서 가장 강한 힘은 꾸준함이다.

07

라떼는
말이야

사람들은 갈수록 세상이 흉흉하다고들 한다. 그 가운데는 청소년 문제로 인한 험악한 뉴스가 한몫한다. 요즘은 십 대도 그냥 십 대가 아닌, 어른들도 피하는 무서운 존재가 되었다.

뭐, 나의 십대에도 제임스 딘처럼 반항의 아이콘이었지만 지금처럼 그랬을까? 지금 어른들이 느끼는 것만큼 그 시절에도 그랬을까 돌아보게 된다. 그때도 당연히 불량 청소년은 있었고, 문제아는 존재했다. 하지만 청소년들의 잘못을 보고 혼내는 어르신도 계셨고, 그런 어른을 무서워하는 시늉이라도 했던 것 같은데…. 요즘은 뭐가 잘못되었을까?

혼내는 어른이 없기에 무서운 줄 모르는 십 대가 됐을까?

아니면 무서운 십 대기에 혼내기를 꺼리는 어른이 됐을까?

뭐가 먼저인지는 모르겠지만 분명 잘못 돌아가는 것 같다. 요즘은 자녀를 한둘만 낳고 키우기에 부모의 자식 사랑이 유별나다. 애들은 싸우면서 큰다는 말은 이미 옛말이 되어 아이가 어디서 맞기라도 하면, 상대가 친구든 선생님이든 가리지 않고 난리도 그런 난리가 없다. 식당에서 위험하게 뛰어노는 아이에게 주의를 시키면, 남의 자식 왜 기를 죽이냐며 그 부모가 오히려 난리여서 지적을 한 어른이 도리어 무안할 정도이다. 한마디로 제 자식만 세상에서 가장 귀한 존재가 된 세상인 것이다. 그걸 보고 자란 아이는 당연히 자기가 최고인 줄 알 것이고, 누군가의 지적에 분을 참지 못하고, 자신을 인정해 주지 않으면 견딜 수 없는 그야말로 '천상천하유아독존'으로 성장하게 된다.

선생님이 훈계나 훈육을 할라치면 휴대전화를 꺼내 동영상을 촬영하겠다고 협박을 한다는 학생도 있다. 길을 가다가 단지 눈이 마주쳤다고, 그게 기분 나쁘다고 집단 폭행을 하는 청소년에 대한 뉴스도 종종 접하게 된다. 담배를 피우는 학생에게 충고하는 어른은 이미 찾기 힘들어졌다

'내가 청소년 때에도 그런 일들이 있었나?'

나 어릴 적 동네 형들이 삼삼오오 모여서 담배를 피우다가 저쪽 멀리서 어른이 다가오면, 숨어서 피우는 것이 나름 예의(?)였던 시절이라 믿어지지 않는 소식들이 끊임없이 들려온다. 과연 방법은 없을까?

예전에 누가 해준 이야기가 기억이 난다.

매일 술을 마시는 친구가 고등학생 몇 명을 앞에 두고 이런 충고를 했다고 한다.

"청소년은 나처럼 이렇게 술을 많이 마시면 안 되는 거야."

그러자 한 청소년이 조심스레 한마디 하더란다.

"어른들도 아저씨처럼 마시면 안 될 것 같은데요?"

누구 하나 기분 나쁘지 않은, 센스 넘치는 대화가 아닐 수 없다.

자녀에게, 혹은 자신보다 어린 사람에게 이런 말을 자주 쓴다.

"우리 때는 말이야…. 너희들처럼은 안 그랬다. 그때는 말이야?"

"아빠 학교 다닐 땐 전기가 없어서 촛불을 켜고 공부를 했어."

"내가 너 정도 환경만 됐으면 아무 걱정이 없었겠다."

"어른들 말 잘 들어라. 너 잘되라고 그러는거."

내 학창시절을 돌이켜 봐도 이런 말은 참 듣기 싫었다. 도움이 되기는커녕 "그래서 뭐요?" 반항만 불러일으키는 말이었다. 세대 차이가 나는, 나보다 어린 사람에게 충고할 때는 먼저 시대가 바뀐 것을 인지해야 하고, 환경도 달라졌다는 걸 인정해야만 한다.

"열라, 졸라, 짱나." 이런 말을 달고 사는 학생들의 모습은 기성 세대가 보기에 좋지는 않지만 "이것들이 어디서 욕질이야?" 소리를 지르기 전에 먼저 그 또래들의 언어습관이 어떤지 파악해야 한다.

그때는 무조건 바른말을 쓰라고 하는 대신 이렇게 말해 보자.

"욕이 아닌 건 알지만, 그 소리가 나는 싫은데 내 앞에서만큼은 쓰지 않으면 어떨까?"

권유형 내지는 청유형 화법으로 말하는 것이다.

게임에만 몰두하는 자녀가 있다면 자신의 경험담을 털어놓는 것도 좋은 방법이다.

"엄마도 컴퓨터 게임 '맞고'가 재미있단다. 나도 식구들 밥때가 됐든 말든 맞고만 치면 원이 없겠지만 어쩌겠니. 엄마의 본분을 지켜야 하잖니? 난 엄마고 넌 학생이다. 엄마는 엄마의 본분으로 너에게 먹을 것을 챙겨주고 너는 학생의 본분으로 자기계발에 열중하고."

회사에서 말을 지지리도 안 듣는 후배 직원이 있다면, 그가 싫어하는 상사가 누군지를 알아내서 같이 흉을 보는 것이다. 그 상사를 왜 싫은지 이유를 듣다 보면 왜 자신의 말도 그토록 안 듣는지도 저절로 알 수 있을 것이다.

욱하는 마음과 말보다 주먹이 먼저 나가는 속 뒤집히는 상황일수록 더 큰 인내심을 발휘해야 한다. 뻔히 혼날 상황인데 꾸지람 대신 "그럴 수도 있지"란 한 마디가 상대에게 더 큰 뉘우침을 주고, "우리 때는 말이다….'라는 말 대신 "너희들도 참 힘들겠다."라고 같은 말로 상대를 이해해야 한다.

세대가 다르긴 하지만 그들을 이해하고 같은 편이 되어준다면 세대 간의 차이는 크게 줄어들 것이다. 나보다 어린 사람과의 대화는 '내가 더 많은 경험을 했다, 나이가 많다'라는 생각을 버리고 상대방의 마음 높이에 맞춰 교감을 한다면 좁힐 수 없는 거리가 없을 만큼 가까워질 것이다.

성의를 다하는 삶을
살아야 하는 이유

『공부는 내 인생에 대한 예의다』

라는 책이 있다. SAT 만점, 아이비리그 9개 대학 동시 합격, 미국 최고의 고교생 선정 등의 화려한 프로필을 가진 저자 이형진은 이 책에서 자신이 공부하는 이유에 대해 이렇게 말한다.

"공부는 그 누구도 아닌 오로지 자신을 위한 것이다. 언젠가 내 가 반드시 하고 싶은, 꼭 이루고 싶은 꿈이 생겼는데, 부족한 준비 때문에 그 꿈을 이룰 수 없다면 깊은 후회가 밀려오지 않을까? 아 직은 그 정체가 뚜렷하지 않지만, 세상에 분명 내가 잘할 수 있는 일들이 있는데, 그 일을 찾아낼 기회조차 얻지 못한다면 좀 억울하지 않겠는가? 나 자신의 인생에 대해 미안하지 않을까?"

학생인 그가 자신의 인생에 대한 예의를 지키기 위해 열심히 공부하고 학교생활을 한 것처럼, 우리는 우리 인생에 대한 예의를 지키기 위해서라도 하루하루를 성의 있게 살아야 한다. 한 번뿐인 우리의 인생을 성의 있게 살지 않고 방치시키면, 우리는 우리가 발휘할 수 있는 능력 대부분을 꺼내서 써보지도 못하고 사장되고 말 것이다.

우리가 얼마나 성의 있게 살았느냐?. 이것은 굉장히 중요한 문제다. 나는 직원들을 고용하기 위해 면접을 볼 때, 정말 최선을 다하고 열심히 할 것 같은 직원을 뽑는다. 그런데 뽑아놓고 두세 달이 지나면 업무에 성의는 안 보이고 불만만 보이는 경우가 많다. 직원이 열심히 일하지 않고 근무 시간을 비효율적으로 사용한다면, 그것은 고용주인 나의 손해이기도 하지만 누구보다도 자기 자신의 인생에 가장 큰 손해를 끼친다.

우리 회사의 직원으로 오래 일했던 후배가 있다. 그 친구는 결혼을 잘했다. 여기서 결혼을 잘했다는 것은 지극히 주관적인 평가로, 아내가 좋은 직장과 보통 이상의 외모를 지닌 점잖은 집안의 재원이라는 것이다. 그 아내는 지방방송 아나운서인데, 후배는 아내의 눈 밖에 날까 봐 아내가 퇴근하기 전에 싱크대를 매일 닦는다. 방 청소와 이불 정리, 거실 정리 등을 하고 빨래나 이불을 정리할 때도 군대에서 모포 각 잡듯이 기막히게 한다. 그래서 왜 그렇게 집안일을 열심히 하느냐고 물어봤더니, 그렇게 해놓으면 아내가 퇴근해서 보고 좋아한다는 것이다. 집 안을 완벽하게 정리하지 못하고 나온 날이면 후배는 온종일 안절부절못한다.

그런데 아이러니하게도 회사에서는 이 친구가 업무를 엉망진창으로 수행한다. 예를 들어 책상 정리하는 것을 본 적이 없다. 열흘 전에 책상 위에 있던 파기해야 할 서류가 그대로 있는가 하면 볼펜도 여기저기 나뒹군다. 심지어 거래업체에서 보낸 메일을 열흘이 넘도록 열어보지 않는 일도 부지기수다. 우리 업무상 블로그나 밴드 같은 모임방에 공지사항, 행사나 이벤트 소식, 추억거리 등을 올려야 할 때가 있는데, 그런 글마저도 너무 성의 없게 올리는 것이다.

예를 들면, 공지사항이 '다음 주 목요일 저녁 7시에 월례회 모임이 있습니다. 장소는 한강식당입니다'로 끝인 것이다. 내 판단 기준으로는 적어도 이 정도 성의 있는 공지글이 올라가야 한다. '회원 여러분, 더운 여름 잘 보내고 계십니까? 드디어 보고 싶은 얼굴들을 만날 수 있는 월례회 일정이 잡혔습니다. 장소는 음식이 맛있기로 유명한, 둘이 먹다가 하나가 죽어도 모른다는 한강식당입니다. 불참자는 집 앞에 쫓아가서라도 데리고 올 것입니다. 그리고 이번 월례회는 ㅇㅇㅇ 회원님의 진급을 축하하는 자리이기도 합니다. 바쁘시더라도 시간을 내어 꼭 참여해주시고, 축하의 인사말도 전하는 따뜻한 마음을 기대합니다.' 이렇게 공지글을 올리면 참석률 자체가 눈에 띄게 달라진다.

집에 가서는 그렇게 깨끗하게 하는 이 친구가 회사 일은 불성실하게 하면서, 늘 자기의 수입이 적다고 불평했다. 그래서 내가 말했다.

"수입이 적은 것을 해결할 방법은 네가 하는 업무를 성의 있게 하는 거야. 누가 일을 잘하고 못하고의 차이는 능력의 차이라기보다는 성의가 있느냐 없느냐의 차이야. 뿌린 대로 거둔다는 이야기가 있는데, 이건 만고의 진리야. 성의 있게 상대를 대하고 성의 있게 일을 대하고 성의 있게 공부를 하면, 내가 원하는 것을 좀 더 수월하게 얻을 수 있어. 하지만 얻고자 하는 것에 성의를 보이지 않으면서 얻으려고만 한다면 뿌리지도 않고 거두려고 하는 것과 마찬가지야."

인간관계도 마찬가지다. 사람에게 성의 있게 대해야 한다. 성의 있는 삶이란 조금만 더 신경을 쓰고 관심을 가지면 엄청나게 쉬운 일이다.

성공한 중소기업 사장이 한 사람 있다. 이 사람은 주문을 받기 위해 영업을 한 적이 한 번도 없다. 그런데도 해마다 기업이 엄청나게 성장했다. 도대체 비결이 뭘까?

이 사람은 매사에 성의가 넘친다. 예를 들어 단체에서 캠핑하러 가기로 하면 필요한 것이 무엇인지 미리미리 적는다. 준비물을 적을 때에도 즉흥적으로 떠오르는 것을 적는 게 아니라 머릿속 시뮬레이션을 통해 필요한 것들을 적은 후 실제로 그 물건들을 준비해 현장에 온다. 무턱대고 그냥 온 사람들이 요리하다가 '후추가 있었으면 좋겠다'라고 말하면 후추가 이 사람에게 있고, '어떡하지? 숯을 안 가져왔네' 하고 당황하면 이 사람에게 숯이 있다. 매번 이러니 함께하는 사람들은 그 사람에게 어떤 일을 맡겨도 잘할 거라는 신뢰할 수밖에 없다.

또 승용차 한 대에 네 명이 타고 가기로 하면, 그 사람은 출발 전에 네 명을 집집이 태우러 간다. 차에 탑승해보면 시원한 음료수가 준비되어 있다. 함께하는 사람에게는 그야말로 감동이다. 그래서 이 사람은 영업을 하지 않아도 사람들이 자동으로 일을 맡긴다. 하나를 보면 열을 알고, 될성부른 나무는 떡잎부터 안다고, 이렇게 매사에 철저하고 꼼꼼한 사람에게 일을 맡기면 얼마나 일을 잘 처리할까 싶어서 사람들이 일을 자꾸 주는 것이다.

그런데 우리는 한 가지 일을 줘도 못 하면서, 두세 가지 일을 욕심내며 마음을 졸인다. 살아가는 데 성의가 있는 사람과 성의가 없는 사람은 엄청난 차이가 있다. 부자와 부자가 아닌 사람의 차이는 성의가 있느냐 없느냐의 차이와도 같다. 이성을 만나러 갈 때 자신에게 잘 어울리는 옷을 입고 몇 가지 유머를 준비하는 것은 상대에게 잘 보이고자 하는 성의를 보이는 것이다. 있는 그대로 나가면 소탈해서 좋다고 할 수도 있지만, 대부분 사람은 성의 있게 꾸미고 나온 상대방에게 더 호감을 보인다. 우리는 살아가면서 이런 말을 많이 한다.

"쟤는 주는 거 없이 미워."

주는 것 없이 미운 그 사람은 나에게 성의를 보이지 않았기 때문이다. 성의 있는 삶이라는 것은 스스로가 자신에게 혹은 상대방에게 했던 약속들을 지키려고 최선을 다하는 것이다. 시간이 없어도 상대방의 이야기를 차분하게 들어주는 것, 귀찮지만 전화해서 안부를 전하는 것, 상대방이 말하기 전에 필요한 게 없냐고 먼저 물어보는 것, 상대방이 도와달라고 하기 전에 혹시 내가 도움이 될 것은 없는지 물어보는 것, 이런 것들이 우리가 상대방에게 보여줄 수 있는 성의다.

소통은 성의를 다하는 태도에서 출발한다. '성의 있다'라는 내 영혼이 만족할 만큼 최선을 다하는 것을 뜻한다. 『대학大學』에서는 '성의'를 세 단계로 구분한다. 첫째는 무자기毋自欺로 나를 속이지 않는 것이고, 둘째는 자겸自謙으로 엄청난 행복감과 만족감을 느끼며 살 수 있고, 셋째는 신독愼獨으로 나 홀로 있을 때도 언제든지 스스로 만족감과 기쁨을 안고 살 수 있다는 것이다. 상대에게 성의를 다하는 것만큼 소통에서 중요한 것은 없다. 성의 있는 식사 대접, 성의 있는 일 처리, 성의 있는 상담, 성의를 다하는 경청. 성의는 꼭 상대가 있어야 하는 것은 아니다. 성의는 나 자신에게도 꼭 필요하다. 스스로 성의를 다하면 길이 보인다.

09

그럴 걸 그랬어

누군가 내게 싫은 소리를 해도

나는 싫은 소리를 하지 않았다.

나마저 싫은 소리를 하면 싸움이 될까 봐서다.

그런데 그럴 걸 그랬다.

참고 참았더니 내가 행복하지 않다.

나는 오늘도 너의 의견에 동조하였다.

사실 나는 너의 의견에 동조하지 않는다.

하지만 동조하지 않으면 너의 마음이 다칠까 봐 말을 못 했다.

그런데 그럴 걸 그랬다.

동조하지 않는 데 동조하고 나니까 내 마음이 불편하다.

너의 잘못을 꼬집으면 달아날까 봐 말을 하지 못했다.

사랑하는 네가 달아나면 내가 아플까 봐.

그런데 그럴 걸 그랬다.

너는 계속 잘못하고 있기에 내 마음이 더 아프다.

나는 네게는 좋은 사람일지 몰라도 내게는 나쁜 사람인가 보다.

네가 실수를 했을 때 너를 너그럽게 용서하는 척했다.

너는 내게 마음 어린 사과를 하지 않았고

사실 나는 너를 용서하지 않았지만 용서한 척했었다.

그래야 네가 나를 편하게 볼 수 있을 것 같아서…

그런데 그럴 걸 그랬다.

그런 내가 나를 불편하게 한다.

제대로 사과를 받던지 용서를 하는 척하지 말든지 해야 했는데

그렇게 되면 네가 불편할까 봐 내가 참았지만

그러지 말 걸 그랬어.

나는 네게는 좋은 사람일지 몰라도 내게는 나쁜 사람인가 보다.

나는 너를 사랑하는데 너는 나를 사랑하지 않는구나?

내가 사랑한다고 하니까 너는 그냥 가만히 있었던 거구나?

그럼에도 불구하고 나는 너를 사랑한다고 했고

너는 내게 너를 사랑하지 말라고 했지.

그런데 그럴 걸 그랬다.

나를 사랑하지 않는 너를 내가 사랑하는 것이 네가 많이 불편해 보여서 내가 아파.

살아가며
배우는 것들

01

자기주장보다 남의 주장을 잘 들어야 좋은 주장^{captain}이다

내가 아는 선배 중에 '부처님 반 토막'이라는 별명을 가진 분이 있다. 온순한 성격에 오랜 시간 동안 다른 사람들과 다툼 한번 없이 늘 인자한 성품과 일관된 모습을 보여주는 선배다. 언젠가 같이 차를 타고 가다가 무엇이 맞는 건지 난센스 퀴즈마냥 긴가민가한 이야기가 나왔다.

어떤 사건의 주인공이 누구냐 하는 건데, 나는 A라는 사람이라 했고, 선배는 B라고 했다.

"아니야 A가 확실해."

"그래? 나는 B가 맞는 것 같은데….."

나는 확신에 차서 외쳤다.

"형, 아니라니까. A라니까. 틀림없이 A야 A."

그러자 선배는, "그래? 네 말대로 A가 맞나보지….."라고 하였다.

목소리 높여 주장한 내가 무색할 만큼 선배는 아무렇지 않게 인정해 버렸다. 나중에 확인해 본 결과, 선배의 말대로 B가 맞았고 틀린 건 나였다. 그 결과를 아는 선배는 그 일에 대한 어떤 코멘트도 없었다.

만약 나 같았으면 "거봐, 내 말이 맞지? 그렇게 우기시더니만. 내가 맞았고 형이 틀렸어." 아주 의기양양했을 것이다.

선배는 나 말고도 누구와도 언쟁을 높이는 법이 없다. 언쟁이 일어날 것 같다 싶으면 상대의 말을 인정해 버리기 때문에 분란이 일어나려야 일어날 수가 없다.

언젠가 그런 선배에게 의아해 물었다.

"형은 왜 평소에 자기주장을 안 해? 나 같으면, 내가 맞다. 고 생각하면 박박 우길 텐데."

그러자 선배가 말한다.

"우겨서 뭐하겠냐? 따지면 뭘 얻는데? 난 대세에 지장이 없는 건 쓸데없이 감정 소모전 안 해."

그랬다. 선배는 상대가 옳아서라기보다 쓸데없는 감정 소모를 하기 싫어서 피한 것이었다. 그러다 상대가 맞으면 맞는 거고, 틀렸으면 상대가 제대로 알면 되는 그뿐이었다.

반면에 선배와는 정반대인 사람이 있다.

곧 죽어도 자기가 옳다고 밀어붙이는 사람이다.

이런 사람들이 자주 쓰는 말이 "내가 얘기해 줄게"다.

아주 소소한 이야기를 하다 긴가민가한 이야기가 나오면 자기가 그 모든 걸 다 아는 양 "내가 얘기해 줄게"라면서 자기주장을 주기 장창 밀어붙이는 경우가 있다.

자기 말이 맞는다고 밀어붙이면 그 기세에 눌러 진짜 맞나 보다 싶을 때도 있다. 의견 충돌이 일어나면 곧 죽어도 자기 생각이 맞고, 자기 생각을 굽히지 않고 끝까지 우기는 사람. 소싯적에 웅변 학원만 다녔는지 "이 연사로…" 시작해 "힘차게 외칩니다."까지 주야장천 자기주장만 펼친다.

상대방이 자기 말에 반론을 제기하면 "그게 아니고, 내가 얘기해 줄게"라며 뭘 모르는 소리 하고 있다며 강아지풀 뜯어 먹는 소리로 여기며, 어쩌다 상대가 양보해서 중립이나 타협안을 말해줘도 성에 차지 않아 한다.

그가 원하는 건 오직 하나다.

"그래 너의 말이 맞다.", "네가 전부 옳다."라는 말이 나와야 대화가 끝난다.

어느 중견 탤런트가 이런 말을 했다.

"후배들과 세대 차이는 당연히 느낀다. 대화하다 보면 내 마음에 들지 않을 때가 많다. 하지만 내가 하지 않는 말이 있다. '너는 왜 그러니?'라는 말이다. 대신에 나는 이렇게 말한다. '너는 그렇구나? 나는 이런데….' 먼저 상대를 인정한 다음 내 의견을 말하면 상대도 반감 없이 받아들인다."

때에 따라서 자기주장은 필요하다. 자기가 원하는 것, 생각하는 것, 소신을 말할 줄 아는 것은 매우 중요하다. 많은 사람이 아니라고 할 때 나는 맞다. 라고 말할 때의 자기주장은 강요가 아니라 설득의 영역인 것이다.

대화는 일방통행이 아니다. 일방통행하면 대화가 아니라 강요가 된다. 대화는 너의 말과 나의 말이 오가는 쌍방통행인 것이다.

"나와 다른 의견 따위는 개나 줘 버려." 하는 마음이 깔린 상태에서의 자기주장은 상대방을 불편하게 만든다. 의견은 수학 문제가 아니라서 푸는 공식이 있는 것도 아니고, 정답이 있는 것도 아니다. 의견을 내는 사람의 입장은 결론 내지는 답을 얻는 것이 중요한 것이라기보다 풀어가는 과정을 더 중요하게 여기는 것일 수 있다.

어느 학회의 회의나 모임에서 한 회의에서 어떤 사람이 자기의 의견을 냈는데 자기의 의견이 받아들여지지 않을 때 화를 내는 이유는 결과가 마음에 안 들어서. 라기보다 결과를 내는 데 있어서 과정이 마음에 들지 않아서 일 경우가 많다.

혹시 곰탕을 곰으로 만들고, 갈매기살을 끼룩끼룩 날아다니는 갈매기고기라 박박 우기는 사람이 있다면 그냥 그렇게 놔두자. 쓸모없는 논쟁 속의 소모적인 자기주장을 하지 말자.

대세에 지장이 없는 일에 쓸데없이 감정 소모를 하지 말아야 한다. 쉽게 얘기해서 대세에 지장이 없는 것을 가지고 언쟁하지 말라는 것이다.

나는 이것을 적으로 만들지 않고 내 편 만드는 소통의 기본이라 본다.

"자기주장보다 남의 주장을 잘 들어야 좋은 주장captain 이다."

02

주변에서 늘
배우다

나는 '이경규'라는 시대의
걸출한 예능적 인물을 존경하고 또 존경한다. 단순하게 그가 방송
에서 잘나가는 인기연예인이고 선배라서 존경하는 것이 아니다.
나는 흔들릴 때마다 그를 떠올리며 중심을 잡을 때가 많다.

그는 수없이 많은 TV 프로그램을 진행한 MC이자 개그맨이다.
또 개편 때마다 PD들이 만나고 싶어 하는 인물 1위다. 이경규 선
배는 정말 많은 프로그램을 했지만, 그중에 '이경규' 하면 떠오르는
프로그램이 있다. 그것은 바로 MBC〈일요일 일요일 밤에〉였다.

또 〈일요일 일요일 밤에〉 하면 지금도 가장 먼저 떠오르는 코너는 뭐니 뭐니 해도 이경규의 '몰래카메라'이다. 1991년 첫 방송을 시작한 '몰래카메라'는 범국민적인 예능 프로그램으로 일요일 저녁 시간에 온 가족을 한자리에 불러 모으는 효과를 보였다. 그 당시 '몰래카메라'는 오락프로그램 사상 70%라는, 지금도 있을 수 없는 경이로운 시청률을 기록하는 등, 그야말로 대한민국을 들었다 놓았다 했다. 많은 시청자분이 그 몰래카메라를 추억하고 아쉬워해서 지난 2005년에는 14년 만에 부활하게 된다. 제목은 '돌아온 몰래카메라'! 이 '돌아온 몰래카메라'는 90년대 당시의 인기에 못 미친다는 비판을 받기도 했지만 30%의 높은 시청률을 올리며 화제를 모았었다. 이렇게 몰래카메라를 통해 스타가 된 후 지금까지 시종일관 인기를 유지하는 그에게 항간에서는 '예능의 신'이라 부르기도 한다.

그를 '예능의 신'이라 부르는 이유는 단순히 인기가 있어서가 아니다. 대중들의 속성상 인기를 5년간 유지하기도 힘든 것이 현실인데, 30년 가까이 인기를 유지하고 있기에 그는 '예능의 신'이라 불릴 만하다. 그의 30년 인기의 유지 비결은 뭘까? 그는 연예계에 데뷔 후 시종일관 빼먹지 않고 하는 것이 있다. 그것은 아이디어 회의이다.

예전에 MBC〈일요일 일요일 밤에〉라는 프로그램에서 '몰래카메라'를 진행할 때 방송국에서 '일밤' 팀과 일주일 내내 회의를 하던 모습이 눈에 선하다. 시대의 흐름을 거스르지 않으며, 새로운 프로그램을 시작할 때마다 그는 PD, 작가들과 늘 회의를 한다. 그럼 "회의도 안 하고 프로그램을 진행하는 MC들이 있나?"라고 물어볼 수 있을 것이다.

한 마디로 "있다." 프로그램의 섭외 단계에서부터 "출연료는 얼마 줄 거냐?", "녹화는 짧게 하라." 등등의 옵션을 먼저 얘기하고 프로그램 콘셉트나 내용 설명을 들은 후 출연에 응하는 방식이 대부분이다. 그런데 이경규 선배는 늘 회의를 한다.

"어떻게 진행할 것이며 어떤 흐름으로 녹화가 진행됐으면 좋겠다." 하는 식의 회의를 함으로써 그들과 함께하는 스태프라는 느낌을 준다. 그렇게 했기에 그는 스태프들에게 진행자의 이미지보다 같은 스태프라는 이미지가 더 강하게 어필되어 한 식구처럼 일한다. 그는 지금도 그 방법을 유지하고 있다.

결국, 이경규 30년에 가까운 인기 유지의 비결은 바로 '스태프들과 소통의 시간을 많이 갖는다'라는 것이다. 스태프들과 술 마시고 밥 먹는 시간보다 회의를 많이 함으로써 일에 대한 신뢰를 높여간다.

스태프들과의 소통! 그것은 프리랜서인 이경규에게 이들이 뭘

요구하는지에 대한 요구needs를 알게 해줌으로써 더 좋은 프로그램을 만드는 데 밑거름이 되는 것이다. 한 가지 일로 30년을 버티고 또 그 한 가지 일로 최고의 자리를 30년 동안 유지하는 것!

이경규처럼 소통하라.

그것은 일을 대하는 성실성이 아닐까?

03

헛된 기대와 착각으로
인생을 허비하다

　　　　　　　　　나는 헛된 기대와 착각으로
인생을 많이 허비했다. 특히 사랑에서도 그랬다. 설렘으로 시작했
던 짝사랑이며, 상대의 속도를 맞추지 못하고 단독질주 하던 연애
도 오래가지 못했다.

　내 생일은 7월 7일. 견우와 직녀가 오작교에서 만난다는 칠석날
이다. 그런데 아이러니하게도 그해 7월 7일은 사랑하는 연인과 만
나는 날이 아니라, 헤어짐을 예고하는 날이 되고 말았다. 당시 사
귀던 여자 친구는 내 생일 전날인 토요일 백화점에서 반나절을 보

냈다고 한다. 워낙 날이 더워서 시원한 백화점으로 피서하러 갔다고 말했는데 나는 그녀의 말을 듣고 속으로 '내 생일 선물을 사러 간 건가?'하고 생각했다. 그런데 아무리 기다려 봐도 그녀는 내 생일에 대해 일언반구도 없었다. 거기다가 한술 더 떠 백화점에 갔지만 살 것이 없어서 아무것도 사지 않고 그냥 돌아왔다는 것이다. 나는 '내일 나를 깜짝 놀라게 해주려고 그러나 보지?'하고 은근히 기대하는 마음을 품었다.

그런데 그날 밤 카톡을 주고받는데 뭔가 이상했다.

나 : 내일 우리 밥 같이 먹을까? 시간 돼요?

여친 : 내일은 약속이 많아서 싫어요.

나 : 혹시 내일이 내 생일인 건 알아요?

여친 : 내일이 생일이라고요?

나 : 몰랐어요?

여친 : 전혀요. 다음에 먹으면 안 돼요? 내일은 친구 생일이라
 점심에 약속도 있고, 오후엔 토론회도 있어요.

나 : 아… 그래요….

친구 생일은 챙기면서 애인인 내 생일은 중요하지 않다는 건가? 아니면 토론회가 그렇게 중요한가? 그녀의 냉랭한 메시지에 삐친

나는 한참 후에 슬그머니 다시 말을 꺼냈다.

나 : 일주일 전에 내 생일이 언제냐고 묻지 않았어요? 그때 이야기했는데 모른다니….

여친 : 그런 이야기 한 적 없는데요. 그리고 생일 밥을 꼭 생일에 먹어야 해요?

나 : 음…. 그래요. 알았어요. 다음에 먹어요. 잘 자요.

순간 괘씸한 마음이 들었다. 어쩌면 이럴 수가 있지? 그렇게 속상한 마음으로 자고 일어나 생일 아침이 되었는데 그녀에게서 카톡이 와 있었다.

여친 : 오늘 오전이나 오후 스케줄이 어떻게 돼요…?

그 카톡을 봤지만, 어젯밤의 서운한 감정이 가시지 않았다. 그래서 앙탈을 부려볼까 싶어 카카오톡 프로필사진에 잘 차려진 밥상 사진을 올려놓고 애인의 메시지엔 답을 하지 않았다. 얼마 후에 그녀의 반응을 보기 위해 카톡 창을 확인하니 나를 차단한 것이 아닌가? 어제의 괘씸함을 응징하려다 내가 당한 것이다. 사실 그전에도 애인이 사소한 다툼 후에 나를 차단했다가 화가 풀리면 풀어

주고를 반복했기 때문에 이번에도 그러려니 했다. 그게 실수였다.

　나 : 이런 씨앙^^

　나는 애인이 자주 쓰던 말투로 장난스럽게 메시지를 보냈다. 그런데 이런. 그녀는 메시지를 읽고 난리가 났다. 어떻게 이런 말을 할 수가 있냐. 이런 욕은 처음 들어본다. 우리 헤어지자. 그리고 나는 또 차단됐다.

　우리는 정말 그렇게 헤어졌다. 물론 헤어진 이유가 단순히 이 사건 때문은 아니었다.

　생각해보면 우리의 연애가 안 좋게 끝난 것은 상대방에 대한 헛된 기대와 착각 때문이 아니었나 싶다. 나는 사랑하는 여자 친구가 당연히 내 생일을 먼저 챙겨주고, 함께 식사할 것이라고 기대했고, 그녀는 자신이 마음을 바꿔 생일날 식사하자는 메시지를 보내면 내가 바로 좋아하며 달려갈 거라고 착각한 것 같다.

　만약 이렇게 혼자만의 어림짐작으로 상대방의 의중을 떠보는 대신 솔직하게 서로의 생각을 말했다면 어땠을까? 나는 그녀에게 내가 왜 섭섭한지 이야기하고, 그녀는 나를 섭섭하게 해서 미안하니 이제라도 함께 식사하자고 말했더라면…. 적어도 그날 우리가 헤어지는 일은 없지 않았을까?

아는 작가에게 내 이야기와 다른 듯 닮은 이야기를 들었다. 그 작가가 말하길 자신은 남편이 "알았다."라고 말하는 의미를 착각하고 있었다고 한다.

남편에게 불만이 생길 때마다 "앞으론 그런 행동 하지 마"라고 말하면, 남편이 "알았어."라고 대답을 한단다. 그래놓고 비슷한 상황이 되면 남편은 부인이 하지 말라고 했던 행동을 다시 똑같이 반복했다. 그녀가 한 번 더 "그런 행동 좀 하지 말라니까."라고 하면 남편은 또 "알았다니까."하고 말한단다. 한 번 속은 전적이 있으니 "진짜 안 그러는 거 맞지?"라고 되물어도 남편은 "진짜 알았다고." 할 뿐이다. 그러나 나중이 되면 또 똑같은 일이 일어난다. 결국, 분노에 찬 작가가 폭발해서 남편에게 따졌다.

작가 : 알았다고 했으면서 왜 자꾸 똑같은 행동을 하는 거야?!
남편 : 내가 알았다고 했지. 안 한다고 했니?

사람마다 가지고 있는 생각의 프레임이라는 게 있다. 자라온 환경이나 지식, 경험 때문에 나도 모르는 사이 형성되는데 이 프레임에 지나치게 집착하다 보면 다른 사람의 말이나 행동을 전부 내 기준에 맞춰 생각하게 된다. 그러나 사람마다 생각은 다를 수밖에 없으므로 내 기준으로 상대의 말을 오해하거나 착각하면 갈등이 생기게 된다.

나는 사람이라면 누구나 기대와 착각을 하고 사는 게 당연하다고 생각한다. 자기 자신을 보호하기 위해서, 자신이 소중하기 때문에, 저마다의 이유로 자기 위주로 모든 일을 생각하게 되기 때문이다.

그러나 헛된 기대와 착각 때문에 실망하는 일이 반복된다면 자신을 점검할 필요가 있다. 그리고 혹시 나 자신도 타인에게 이런 착각이나 오해를 불러일으킬 만한 행동을 하지는 않았는지도 생각해봐야 한다. 부부 관계, 친구 관계, 가족 관계 등 다양한 관계에서 갈등이 생기는 건 당연하다. 그런데 그 갈등의 원인이 헛된 기대나 착각, 오해 등에 있다면 이를 반드시 해결해야만 한다. 그래야 오래도록 건강한 관계를 유지할 수 있기 때문이다.

04

외제차를
못 탄다고?

　　　　　　　　　　　좋은 것을 보고 외치는 말 중에
우리가 가장 익숙하게 알고 있는 것은 아마 '심 봤다'일 것이다. 산
삼은 값도 비싸고 눈에도 잘 띄지 않는 귀한 것이어서, 심마니들은
산삼을 캐러 가기 전에 근신하면서 몸을 정갈하게 하고 부정한 것
을 멀리하며 되도록 말도 하지 않았다고 한다.

　심마니들이 산삼을 발견하면 '심 봤다'라고 세 번 외치면서 절을
했다. 산삼을 발견한 심마니가 '심 봤다'를 외치면, 이 소리를 들은
다른 심마니들은 그 자리에 앉아야 했다. 먼저 '심 봤다'를 외친 사
람에게 우선권이 있기 때문이다. 사람들이 농사를 짓거나 씨를 뿌

려서 얻는 인삼이나 산양 산삼과 달리 야생 자연산 산삼은 오래된 것일 경우 부르는 것이 값이다. 그러니 심마니들이 산에 가서 산삼을 발견하고 '심 봤다'를 외칠 때는 얼마나 기쁘고 행복하겠는가?

사람들 속에서 생활하다 보면 가끔 '심 봤다'를 외치고 싶은 멋진 사람들을 만날 때가 있다. 내가 만난 '심 봤다'를 외치고 싶은 사람 중 하나가 바로 유재석이다. 유재석, 그가 누구인가? 지난 15년 동안 최정상을 누리고 있는 엔터테이너 방송 MC가 아닌가?

보통 연예인의 인기 유지 기간이 5년 정도 되는데, 특히 최정상의 인기 유지 기간은 길어야 3년이다. 3년에서 5년의 인기를 누린 후 그것을 밑천 삼아 평생을 우려(?)먹으며 살 수도 있는 것이 연예인이기도 하다. 그런 연예인의 특성은 인기가 오를 땐 그 인기가 오래갈 줄 알고 있는 것이 보통의 심리 패턴이다. 또는 오래가고 싶어서 전전긍긍하면서 인기를 누리는 기간을 늘리려 애쓴다.

나도 한때 작게나마 인기라는 것을 맛보았을 땐 그 보잘것없는 인지도가 오래갈 줄 알았다. 아니 적어도 지금처럼 비 맞은 종잇조각처럼 맥 빠질 줄은 몰랐다. 요즘은 알아봐 주는 사람이 있으면 민머리가 머리카락 한 올을 귀히 여기는 섯처럼 너무너무 감사하다고 생각한다.

유재석은 주변의 동료와 스태프들을 잘 챙기고 염려해 주고 다독여주는 리더의 모습을 보여줌으로써 배려의 아이콘 '유느님'이 되었다. 방송 프로그램을 하면서도 나는 그가 출연료를 먼저 이야기하는 것을 본 적이 없다. 그 이유는 자기가 출연료를 올려달라고 하면 한정된 제작비에서 반드시 피해를 보는 사람이 생기기 때문이라는 것이다. 자기의 출연료가 오르면 출연자 중 누군가는 그만두어야 하거나 패널의 숫자를 줄이게 되거나 스태프들의 비용이 줄어들어야 한다는 설명이었다.

한번은 재석이가 이런 내용으로 나랑 진지하게 얘기하다가 자기 출연료는 자연스럽게 올라간다고 한다. 이유인즉, 출연자들이 열심히 하게 되고 스태프들이 양질의 서비스를 하므로 시청률은 오를 것이고 그럼 제작비도 더 늘어나게 되고, 제작비가 늘어나면 자신의 출연료도 자연스럽게 늘어나기 때문에 괜찮다는 것이었다. 정말 이치상 맞는 말이었다. 그는 지금 대한민국에서 가장 비싼 방송 MC가 되었다.

'아…, 재석이는 정말 멋진 녀석이구나. 나보다 나이는 어리고 후배지만 더 큰 인물이구나.'

앞으론 재석이에게 괜히 선배랍시고 가르치고 야단치지 말고, 오히려 내가 배워야겠다고 느꼈다. 어느 날인가 한번은 밤늦게 전화가 왔다. 우리는 수시로 만나서 밤을 새우면서 이바구(이런저런 농담과 잡담)를 날리는 사이이다. 그날도 새벽이슬 맞아가며 이야기꽃을 피우고 금방 헤어졌는데 또 무슨 할 얘기가 있어서 전화한 걸까를 생각하며 전화를 받았다.

"왜?"

"아, 형. 동생이 할 얘기가 있어서 전화를 했는데. '왜?'라니, 형!"

우리의 대화는 늘 이런 식으로 시작한다.

차를 바꿀 때가 되어서 고민 상담 전화를 한 것이다.

자기가 외제차를 타면 사람들이 욕할 것도 같고, 아버지도 국산차 타는데 자신이 건방지게 외제차를 타는 게 좀 그래서, 국산차 중에서 중형차를 탈까 하는데 어떤 게 좋을지 골라 달라는 것이다. 나는 처음엔 가볍게 외제차를 타도 되겠다는 의견을 주었고, 한참을 생각하다가 그것이 영 내키지 않는다면 국산차 중에 이런 모델이 어떻겠냐고 의견을 주었다.

며칠 후, 그는 나랑 얘기하던 그 모델로 차를 바꾸고 새 차 시승을 시켜 주겠다며 한껏 뽐을 내며 우리 집 앞에 왔다. 국산차가 요즘 세계적인 성능이 됐다며 이것저것 자동차 세일즈맨처럼 설명을 하는 모습을 보고 나는 그에게 반했다.

지금 대한민국에서 가장 잘나가는 개그맨이 중형 국산차에 만족하며 들떠 있는 모습이 너무도 아름다워 보였다. 사실 연예인들 대다수는 인기의 척도인 양 인기가 조금 오르는 기색만 보이면, 외제차를 타고 다닌다. 인기가 오르면 무조건 차부터 외제차로 바꾸는 현실에서 이 녀석은 달랐다. 그래서 '심 봤다….'라는 제목으로 내 미니홈피에 글을 올렸더니, 홈페이지에 하루에 5만 명이 다녀갔고, 그 글을 쓴 지 10년이 더 지난 지금도 나는 유재석의 열성 팬들에게 시달리고 있다.

"표영호 너 때문에 우리의 사랑하고 전지전능하신 유재석님께서 외제차를 평생 못 탄다."라는 것이다. 유재석의 지능형 안티가 표영호라는 둥…. 너 같은 놈이 우리 '유느님'을 국산차에 가둬 놓았다는 둥, 웃지 못할 일들이 벌어진 거다.

그런데 내가 아는 유재석은 처음부터 이런 배려의 사람은 아니었다. 신인 시절엔 나랑 어디 행사장엘 가도 혹여나 내가 멘트를 인터셉트intercept할까 쉴 틈 없이 멘트를 날리던 사람이었다. 그리고는 이내 자기 멘트에 기죽어서 못 치고 들어온다는 핀잔을 주기 일쑤였고, 심지어 내가 끼어들 틈을 주지 않기 위해 숨도 안 쉬고 멘트를 하다가 사레들린 일도 있었다.

곳간에서 인심 난다고 했던가? 인기가 높아지고 수입이 늘어나니까 그는 대부분 사람이 그러하듯 가진 자의 횡포와 욕심을 부리지 않고, 점점 더 배려의 마음을 갖기 시작했다. 근본적으로 아주 착한 마음이 있는 사람이다.

대개 인기 있는 사람들은 더 인기를 얻으려고 발버둥 친다. 그러나 그는 점점 더 사람들을 배려하기 시작했다. 자기가 하는 프로그램에 사람들을 추천해 주는가 하면, 추천한 사람을 프로그램에서 살려내려고 진심으로 애쓰는 착한 연예인이다.

그러면서 사람들은 그를 자연스럽게 '배려의 아이콘'이라 칭찬하기에 이르렀고, 사람들이 배려의 아이콘이라 인정하기 시작하면서 그는 더욱더 상대방을 배려하는 데 신경을 쓰는 사람으로 성숙해 간다는 느낌이 들었다.

기부나 봉사를 하는 분들은 기부나 봉사를 통해 한없이 행복을 느낀다고 한다. 그렇듯 아마도 유재석은 배려를 통해 한없이 기쁘고 행복할 것이다. 어느 날인가, 유재석이 녹화 후 뒷정리를 하면서 휴지를 줍는 사진이 인터넷에 떴다. 그 사진을 본 네티즌들은 모두 그를 칭찬하였다. '정리의 신, 역시 유느님', '유느님을 대통령으로….' 등등 멋진 글들이 올라왔다.

그 후로 '어디 주울 휴지 또 없나?' 찾는 듯 '유재석은 땅만 보고 다닌다'라는 우스갯소리를 많이 했다.

방송 밖에서도 그렇게 '심 봤나'라고 말할 수 있는 사람이 있다. 굿마이크를 설립하고 최고위 교육과정을 만든 후의 일이다. 정원 25명의 수강생을 모집하는데 10명밖에 등록을 안 해서 개강할 수가 없었다. 그래서 등록한 10명에게 전화를 했다.

"미안합니다. 이번에 개강할 수 없게 되었습니다. 두 달 후에 다시 개강할 것이라서 일단은 수강료를 돌려드리겠습니다."

그때 회사에 돈이 없어서 돌려주지 못할 형편이었는데도 이렇게 사과하면서 어찌어찌해서 8명에게 수강료를 되돌려주었다. 그렇게 돌려주다 보니 회사에 돈이 한 푼도 없었다. 2명이 남았는데 그분들에게 돌려줄 돈이 없어서 난감하던 차에 그 두 명이 나를 찾아왔다. 그리고 이렇게 말했다.

"대표님, 두 달 뒤에 개강할 거면 돌려주지 마세요. 저는 대표님을 믿습니다."

두 사람 모두 굿마이크 최고위 과정의 수강생을 모집하면서 처음 알게 된 사람들이었다. 당시 뉴스에는 연예인들이 사기에 연루되는 일들이 꽤 나왔는데, 생전 처음 본 두 사람이 나를 믿어준다는 것은 정말 감동이었다. 더구나 그때 남은 두 사람에게까지 수강료를 되돌려주고 나면 회사 문을 닫아야 할 처지였을 정도로 회사가 어려웠다. 차마 그 말은 하지 못하고 있었는데, 그 사람들이 돌려주지 않아도 된다고 한 것이다. 고백하건대 그때 두 사람 수강료가 회사를 살리는데 마중물 같은 역할을 했다.

그 사람들도 돈에 여유가 있었던 것은 아니었다. 한 분은 지방의 작은 도시 문화센터에서 강의하는 강사였고, 심지어는 경제적으로 넉넉하지 않아서 아이를 어떻게 키워야 할지 모르겠다며 울던 여자분이다. 정말 여유가 없는 분들이었는데 나에게 나중에라도 교육을 받겠다고 돈을 돌려받지 않고 나를 믿어준 것이다. 그때 얼마나 고마웠는지 모른다. 방송할 때 '심 봤다'라고 느꼈던 유재석을 보는 느낌이 그때 다시 들었다. 시간이 지나 이분들에게 그때 일을 물어본 적이 있다.

"그때 뭘 믿고 수강료를 안 돌려줘도 된다고 그랬어요? 회사 문 닫고 잠적하면 어쩌려고."

그랬더니 대답이 이랬다.

"대표님은 절대 안 그럴 것 같았어요. 눈빛이 되게 진실했거든요."

넉넉하지 않은 형편임에도 불구하고 나를 믿어준 그분들 덕분에 나는 사업의 원동력을 얻었다. 가끔 힘들어서 차라리 회사를 접고 싶다는 생각이 들 때마다 그분들이 나를 지탱해주었다. 이렇게 나를 믿어주고 신뢰하는 사람들이 있는데 어떻게 힘들다고 포기하는가? 그분들이 내 인생에서 '심 봤다'를 외치게 해준 사람인 것처럼, 나도 누군가에게 '심 봤다'를 외칠 수 있는 그런 사람이었으면 한다.

나는 과연 다른 사람에게 좋은 사람일까? 한동안 내 주변에 사람이 없다고 불평한 적이 많았다. 하지만 그것은 나를 욕하는 것이었다. 힘든 상황에서도 주변에 사람이 많다는 것은 책임감 있고, 비전 있고, 돈을 제대로 쓸 줄 알고, 남을 배려할 줄 알고, 다른 사람의 마음을 편하게 다독여줄 줄 알고, 다른 사람에게 쉼터 같은 사람이 될 줄 안다는 것이다. 내 주변에 사람이 없다는 것은 내가 이런 사람이 되지 못했음이니, 그것은 어디까지나 내 탓인 것이다.

나를 좋아해 주는, 그래서 내 일이라면 힘든 일이든 축하할 일이든 한걸음에 달려와 줄 사람이 있는가? 있다면 당신은 정말 좋은 사람이고 행복한 사람이다.

05

자존감을
훔쳐 간 사람 1

친한 후배에게 아주 독특한

연애 이야기를 들었다. 그녀는 국가 산하 단체에서 교육을 담당
하는 연구원(교수)으로 재직 중이었는데, 까칠하고 직선적인 화법
을 구사하는 데다가 인상도 날카로워서 첫인상이 좋은 편은 아니
었다. 그러나 후배는 자신도 모르게 그녀가 자꾸만 신경 쓰였다고
한다.

"그 여자가 어디가 그렇게 좋으니?" 내가 묻자 후배는 "깐깐한
성격을 보면 자기 일에 프로다운 면이 있는 것 같아요. 까칠해서

다른 남자들이 접근하기 어려울 것도 같고. 그리고 이야기해 보면 대화도 은근 잘 통하고 인간적인 면도 있어요." 하고 아주 자신 있게 대답했다. 후배의 말을 들어보니 매력 있고 괜찮은 여자라는 생각이 들었다.

사랑에 빠진 사람답게 후배는 매일 매 순간순간 그 여자를 떠올렸다. 아침에 눈을 떴을 때나 밥을 먹을 때나 온통 그녀의 생각으로 시작해 그녀 생각으로 끝나는 오직 그녀뿐이었다. 그녀는 매일 카톡 프로필 문구를 바꿨는데 후배는 그녀가 쓴 말의 의미를 생각하느라 하루를 꼬박 다 쓸 때도 있었다고 한다. 후배는 그녀가 호출하면 본인의 약속은 뒤로 한 채 망설임 없이 달려갔고, 술을 좋아하는 그녀가 폭탄주를 마시면서 하는 온갖 이야기들을 싫은 기색 없이 전부 들어주었다.

그런데 그녀의 사랑은 후배의 사랑과 크기나 방향이 많이 달랐던 모양이다. 후배가 "어디?"라고 카톡을 보내면 장소가 아닌 웃는 이모티콘 "^^"이 도착했다. 후배가 무슨 뜻이냐고 물어보면 자신이 있는 장소를 대답하기 귀찮다고 대답했다고 한다. 한 번은 그녀가 밤 11시에 갑자기 카톡으로 "어디? 한 잔 콜?"이라는 내용을 보냈다. 후배가 15분쯤 지난 후 "OK"라고 답을 보냈지만, 그녀의 대답은 싸늘했다. "답이 늦었음. 없던 걸로."라고 일방적으로 취소를 하거나 또 어떤 날은 본인의 귀걸이 사진을 찍어 보낸 후 "이거 얼마짜리로 보여요?" 물어보기에 싼 가격을 대답하거나 비싼 가격을 대답하는 것이 애매해서 30분 후 "좋아 보여요"라고 답톡을 했더니 "답이 바로바로 안 오는 거 나는 싫음." 하더니 후배의 SNS를 다 차단을 하고 한 달이 지난 후에나 연락이 왔다는 것이다. 그녀는 점점 더 후배를 무시하고 얕잡아 보기 시작했다.

그녀 : 내가 당신 같은 남자랑 만나는 것을 우리 부모님이 아시면 난 큰일 나요.
머리도 다 밀고, 회사도 그만두고 부모님 집으로 들어가야 해요.
후배 : ⋯⋯? 왜죠? 내가 당신의 애인감이 아니라는 말인가요?
그녀 : 아니 그럼 감이 된다고 생각하세요?
후배 : 감이 안 될 것은 뭐가 있습니까?

그녀는 입버릇처럼 후배에게 이렇게 말했다. 나는 어처구니가 없었나. 40대 중반인 여자가 부모님 허락을 받은 연애만 할 수 있다는 식의 내용도 그렇고, 팔은 안으로 굽는다고 내가 보기엔 그녀보다 후배가 더 괜찮은 사람으로 보였기 때문이다.

후배는 그녀가 그런 말을 할 때마다 끝에는 늘 이렇게 말을 했다.

"저기요. ○교수. 내가 부족한 점이 없진 않겠지만 당신 부모님도 저를 좋아하실 거예요. 내가 이래 봬도 따뜻한 사람이니까요."

그러나 말은 그렇게 했어도 매번 자신을 무시하는 말만 듣다 보니 후배의 자존감은 점점 낮아졌다. 그녀는 수시로 후배에게 상처를 주었다. "당신은 내 기준으로 봤을 때 원래 나랑 연애할 수 있는 수준이 아녜요.", "당신 아니어도 나 인기 많아요.", "남자들이 자꾸 집 앞으로 찾아와서 귀찮아요.", "어떤 남자가 나랑 자꾸 연애하자고 해서 생각 중이에요." 등등 애인에게 해서는 안 되는 말을 하고, 조금만 기분이 나쁘면 메시지로 이별을 통보했다. 그러다가도 갑자기 연락해 술을 마시자고 할 때는 얼마 전 헤어지자고 했던 소리는 까맣게 잊은 듯 굴었다. 그녀에게 이런 취급을 받을 때마다 후배는 자괴감에 시달렸다고 한다.

"아, 그녀가 보기엔 내가 이것밖에 안 되는 남자인가?"

"이런 소리를 들으면서 왜 이 여자랑 연애해야 하지?"

"아니야. 진심은 아닐 거야. 그냥 나한테 쉽지 않은 여자로 보이려고 그러는 걸 거야."

어느 날은 그녀와 옥신각신 다투었는데, 그녀가 후배의 모든 SNS를 차단했다. 연락할 방도가 없던 후배는 그녀의 회사로 전화를 걸었는데 프런트 데스크에서 전화를 받았지만, 그녀는 연결을 받아주지 않았다. 후배의 전화라는 걸 확인한 그녀가 전화를 끊어버린 것이다. 그러고 곧장 그녀에게서 카카오톡 메시지가 도착했다.

"내가 안내데스크에 마구 야단을 쳤어요. 어딜 감히 교수님 방에 묻지도 않고 전화 연결을 하냐고요. 그러니 이제 전화 연결도 안 될 겁니다."

후배는 메시지를 받자 당황했다.

어딜 감히? 교수 직분이면 프런트 직원을 아랫사람 대하듯 그렇게 함부로 말할 수 있는 걸까? 후배는 답답한 마음에 그녀에게 말했다.

"ㅇ교수. 그런 식으로 말하면 안 돼요. '어딜 감히'라니요. 그 말을 들은 직원이 얼마나 자괴감에 빠지겠어요. 그런 말 하지 마세요. 차라리 왜 회사로 전화를 했냐고 나한테 화를 내셨어야죠. ㅇ교수 자리가 그렇게 높은 자리입니까? 얼마나 대단한 자리라고 다른 사람한테 그런 말을 합니까?"

나는 후배의 이야기를 듣고 몹시 실망했다. 민주주의 사회라고 말은 하지만, 아직도 곳곳에 남아 있는 갑질 행태가 해괴망측하기 짝이 없었다. 국가인권위에서도 직장 내 괴롭힘을 멈추라고 권고하고, 법으로도 금지되어 있는데…

결국, 후배는 사랑이라고 생각했던 것이 심리적으로나 정서적으로 학대를 받고 있다는 사실을 알았고 그 여자와의 이별을 받아들였다. 그런데 도도하고 냉철하면서도 늘 당당하던 그녀에게는 비밀이 있었다. 후배와 사귀는 도중에 다른 남자와 양다리를 걸치고 있던 것이다. 심지어 상대방은 가정이 있는 유부남이었다. 그녀는 유부남 애인과 술에 취해 애정행각을 벌이다가 후배에게 그 장면을 딱 걸리고 말았다. 후배는 그 순간 그녀가 평소에 입버릇처럼 하던 말들이 떠올랐다고 한다.

"불륜은 한 가정을 파괴하는 행위예요."

"거짓말하는 사람이 제일 싫어요."

"집 앞에 남자가 찾아와서 사생활 침해하는 건 딱 질색이에요."

"일이 바빠서 자주 만날 수가 없어요."

여태 그녀가 하던 모든 말이 자신의 비밀을 숨기기 위한 거짓말이었다는 걸 알게 된 후배는 허탈한 마음이 들었다고 한다. 본인의 결점을 숨기기 위해 애인을 비난하고 정서적으로 학대하다니.

나는 나중에 "나쁜 여자"와 헤어진 후배를 만나 이렇게 이야기
했다.

"그녀에게 이별 선물로 전신 거울을 보내라."

물에 비친 자기 모습에 반해 물에 빠져 죽은 신화 속 나르키소스
처럼 전신 거울을 보며 자아도취나 실컷 하란 뜻이었다.

자존감이 낮은 사람들은 자신을 포장하기 위해 남을 비하하는
경우가 많다. 다른 사람을 깎아내리면서 자신의 우위를 확인하는
것이다. 그래서 나는 자화자찬에 안달이 난 사람이나, 자신의 권
위를 자랑하는 사람을 만나면 "아, 이 사람 지금 자존감이 낮아서
흔들리는 거구나."라고 생각한다.

06

자존감을
훔쳐 간 사람 2

　　　　　　　　　　생각해보면 타인의 자존감을
도둑질해서 자신의 가치를 올리려는 사람들은 어디에든 있다. 자
존감이 낮은 부모들은 육아할 때 자녀를 지배하려는 성향을 보이
는데, 이런 부모 밑에서 자란 아이 역시 당연히 자존감이 낮아질
수밖에 없다.

　아는 후배에게 엄마 때문에 힘들었다는 이야기를 들은 적이 있
다. 그녀의 어머니는 장녀로 태어나 어려서부터 동생들을 돌보고,
집안일을 해야 했다. 학교를 마음 편히 다녀본 적도 없단다. 그러

다 보니 나중에 딸을 낳으면 손에 물 한 방울 안 묻히고 키우겠다고 결심했고, 그렇게 내 후배가 태어났다. 후배는 어머니의 과잉보호 속에서 금지옥엽으로 자랐다고 한다. 딸만큼은 좋은 옷 입히고, 좋은 밥 먹이고, 원 없이 공부하라며 어머니는 모든 인생을 걸었지만 정작 그런 사랑을 받은 딸은 엄마의 사랑에 숨이 막혔다고 한다.

학창 시절엔 백 점을 맞아야만 자랑스러운 착한 딸 소리를 들었고, 시험 문제를 하나라도 틀리면 크게 실망해 화를 내는 엄마 때문에 힘들었다. 함께 집에 있는 시간이면 엄마는 딸의 일거수일투족을 감시했고, 당신 친구들을 매번 집으로 데려와 딸 자랑을 하는 통에 후배는 그때마다 엄마가 자랑스러워하는 착한 딸의 모습을 보여주어야만 했다.

그러다 보니 후배는 자연스럽게 모든 결정을 엄마 위주로 하게 되었다. 여행도 같이 가고, 명품도 사드리고, 이 정도만 했으면 괜찮았을 텐데 결혼까지도 엄마가 골라주는 남자와 한 것이다. 결혼 후에도 후배의 효녀 콤플렉스는 점점 더 심해졌다. 가정에서 있었던 일을 남편과 의논하기 전에 엄마에게 의논했고, 남편과의 갈등이 생겼을 때는 엄마의 말만 듣고 이혼까지 했다.

이처럼 정서적으로 부모에게서 독립하지 못한 자식들은 성인이 되어서도 혼자 결정을 내리지 못한다. 내 후배도 마찬가지였다.

무슨 일을 하든지 엄마의 의견을 물어봐야 하고, 엄마가 옆에 없으면 불안해했다.

하루는 후배가 술을 마시고 늦게 집에 들어갔단다. 그런데 이웃에 사는 엄마가 집에 찾아와 계시다가 후배에게 "너 이런 식으로 살면 내가 너를 포기할 수밖에 없어."라고 하셨다. 그런데 그 말을 듣자 너무 무서워 어쩔 줄 모르겠더란다. 말 안 듣는 청소년도 아니고 다 큰 성인이 술을 마시고 늦게 귀가했다는 걸로 부모한테 이런 말을 들어야 한다니. 나는 참 안타까웠다.

아이를 자신의 소유물처럼 생각하고, 자기의 뜻대로만 키우면서 그것을 헌신적인 사랑이라고 착각하다 보면 자신도 모르는 사이에 자녀의 자존감을 도둑질하게 되는 것이다. 바로 이 후배 이야기처럼.

그렇다면 과연 건강한 자존감과 건강하지 못한 자존감(나르시시즘, 피해의식, 열등감 등)의 차이는 무엇일까? 심리학자 필라 말로Pilar Mallor와 마누엘 빌레가스 Manuel Villegas가 연구한 바에 따르면 부정적 나르시시즘과 건강한 자존감에는 5가지 차이가 있다고 한다.

1. 나르시시스트는 자신을 과장해서 인식한다

나르시시스트는 과장된 자기 이미지를 통해 자신의 복지와 안전을 추구한다. 하지만 실제로는 왜곡된 자기 인식에 지나지 않는다. 자존감이 높은 사람은 그저 만족스러운 인간관계를 맺고 과장하거나 자신을 강조하지 않는다.

2. 관심의 필요성에 대한 적극적인 면모

나르시시스트는 그 사람의 이상할 정도의 자기애적 관점에서 보건대 주의가 필요하다. 항상 주목받기를 원하고 다른 사람으로부터 끊임없이 경배받기를 원한다. 자존감이 높은 사람들은 무엇이건 적극적이며 정서적, 사회적 지능을 갖고 다른 사람의 대화를 듣고 말하는 방법을 알고 있다.

3. 감정이입

나르시시스트는 자신과 자신의 이미지에 대해서만 생각한다. 건강한 자존감을 가진 사람들은 다른 사람에게 공감하는 능력이 있다.

4. 이기심과 협력

자기애로 가득 찬 나르시시즘은 자기애로 가득 찬 것처럼 보이지만 실제로는 자신이 최악의 적인, 자기애에 대한 의문으로 가득하다. 자존감 높은 사람은 언제, 어떻게 관대함을 보일 수 있는지 알고 협조적인 태도를 보이지만 나르시시스트는 이익을 얻지 못한다면 노력할 이유도 찾지 못 한다.

5. 거만함과 동정심

나르시시스트는 거만하다. 만족감을 느끼기 위해 다른 사람들을 지배하려 들고, 비난하는 공격성을 보인다. 다른 사람을 위해 연민을 보여주지 않는다. 자존감 있는 사람들은 실제로 다른 사람들을 사랑하고 자신만의 가치관을 갖고 다른 사람을 돕는 아름다운 도전에 감사한다.

07

코뿔소가
그림을 그린다

커다란 뿔을 가지고 있는
코뿔소가 그림을 그리면 어떻게 그릴까? 코뿔소는 풍경화를 그리
건 인물화를 그리건 정물화를 그리건, 일단 커다란 코부터 그려놓
고 나머지를 그릴 것이다. 인물화든 풍경화든 정물화든 눈으로 보
고 그리는 것인데, 코뿔소는 자기 눈앞에 있는 코가 항상 가장 크
게 보이기 때문이다.

　이처럼 우리가 사람들을 대할 때는 내부분 자신의 관점에서 바
라보게 된다. 상대의 행동을 자신의 관점에서 재해석하는 것이다.
그러니 사람들을 대할 때는 자신의 관점에서 너무 세게 주장하는

것은 아닌지 고민해봐야 한다.

내가 아는 사람 중에는 유부녀임에도 불구하고 늘 서너 명의 애인을 두고 있는 전문직 여성이 있다. 그런데 그녀는 주변의 다른 여자가 남자랑 만나서 커피만 마셔도 나쁜 여자라고 욕을 한다. 그녀의 개인사를 알고 있는 사람들이 볼 때 남녀관계에서만큼은 그녀가 제일 비도덕적이다. 그런데도 자신만의 기준으로 스스로는 합리화시키고, 다른 사람에 대해서는 번번이 엄격하게 보수적인 잣대로 평가한다. 자신이 편법을 써서 수강생을 모집하는 것은 영업 전략이고, 다른 강사가 편법을 쓰면 저질 영업행위라고 비난하는 식이다. 이렇게 다른 사람들을 평가할 때는 자신이 마음대로 그려놓은 프레임 안에 들어오느냐 아니냐를 가지고 나쁜 사람, 좋은 사람, 괜찮은 사람이라고 판단한다. 이것은 코뿔소가 그림을 그리는 것과 조금도 다르지 않다.

물론 어느 시선에서 보느냐에 따라 다른 관점이 생기는 것은 이해할 수 있다. 사람들이 누군가를 '양파 같은 사람'이라고 평가할 때, 이 말은 어떤 의미를 지니고 있을까? 우리가 아는 양파는 지극히 객관적임에도 불구하고, 사람에 따라 이 말은 굉장히 다양한 의미로 사용될 수 있다. '양파 같다'라는 말을 '벗기고 벗겨도 새로운 모습을 보여주는 신선한 사람'으로 사용할 수 있고, '까고 또 까도 똑같은 것만 나오는 지루한 사람'으로 사용할 수도 있으며, '아무리 벗겨도 실체를 알 수 없는 오리무중의 사람'이나 '껍질도 사용하고 내용물도 영양가 높은 버릴 것 없는 훌륭한 사람'으로 사용할 수도 있다. 똑같은 말이지만 어느 관점에서 사용하느냐에 따라 칭찬이 될 수도 있고 악담이 될 수도 있는 것이다.

주먹 크기에 동그랗고 겹겹의 껍질로 쌓인 단순한 양파도 이럴진대, 사람이나 어떤 현상, 사건 등을 바라보는 시각은 얼마나 더 다양하겠는가? 사람들은 제각기 자신의 눈에 보이는 다양한 시선대로 누군가를, 무엇인가를 평가하고 그림을 그린다. 하지만 코뿔소가 그린 그림처럼 모든 그림에 코부터 그려놓고 다른 것을 그리면 그 그림이 과연 온전한 그림일까?

시어머니를 보는 며느리의 시선과 며느리를 보는 시어머니의 시선이 다르다는 것을 이해해야 한다. 내가 상대방을 바라보는 시선도 객관적인 것이 아니고, 상대방도 나를 주관적인 시선으로 바라보고 있다는 것을 인지하자는 것이다. 상대방의 시선으로 나를 바라보려는 노력, 상대방을 객관적으로 보려는 노력이 필요하다. 자기의 잣대로만 상대를 평가한다면 객관적일 수 없고, 상대방을 주관적인 시선으로만 바라본다면 소통이 이루어질 수 없다.

상대방의 처지에서 생각할 줄 모르는 사람은 색안경을 쓰고 세상을 바라보는 것과 같다. 검은 선글라스나 파란 선글라스를 쓰고 세상을 바라보면, 사물을 알아볼 수는 있지만 제 색깔로 볼 수 없다.

서양 동화 중『핑크 대왕 퍼시Percy the Pink』라는 이야기가 있다. 옛날에 핑크색을 너무 좋아하는 봉건영주 퍼시가 있었다. 그는 자신의 왕국이 핑크색이 아닌 것이 슬퍼서 백성들이 모두 핑크색 옷을 입어야 한다는 법을 만든다. 모든 건물도 핑크색으로, 왕국 안의 동물들도 핑크색으로 칠하라는 법도 만든다. 백성들은 너무 힘들었지만 하는 수 없이 옷과 건물과 동물들을 핑크색으로 만들었다. 마침내 퍼시는 왕국 안의 모든 나무와 꽃과 풀까지 핑크색으로 칠하라는 법을 만들고, 퍼시가 다스리는 왕국은 그야말로 온통 핑크색이 되었다.

그러나 어느 날 왕국을 바라보며 행복해하던 퍼시는 문득 하늘을 바라보고 다시 슬퍼졌다. 하늘이 파랬기 때문이다. 하늘을 핑크색으로 칠할 수는 없었으므로, 그는 왕국의 현자인 에릭에게 도움을 청했다. 고민하던 에릭은 마침내 퍼시에게 핑크색 안경을 선물했다. 핑크색 안경을 끼고 바라본 세상은 온통 핑크색이었으므로, 퍼시는 무척 행복했다. 물론 백성들도 기뻐했다. 더 이상 핑크색 옷을 입고 핑크색으로 건물을 칠하고 핑크색으로 동물과 식물을 칠하지 않아도 되었기 때문이다.

우스꽝스러운 동화로 생각될지 모르겠지만, 곰곰이 생각할수록 여러모로 생각할 점이 많은 동화다. 퍼시처럼 자신의 색깔을 남에게 강요하면 다른 사람이 고통스러워진다. 그리고 퍼시처럼 핑크 안경을 끼고 본 핑크색 세상은 실제 세상과 다른 세상이다. 혹시 우리도 퍼시처럼 사실과는 다른 것을 보고, 사실과는 다른 세상을 살고 있지는 않을까?

'나는 지극히 보편타당한 사람이야'라고 자신을 변명할 수도 있겠지만, 보통 사람들처럼 생각하는 것이 반드시 객관적이고 옳은 것은 아니다. 생각해보라. 지구가 태양의 주변을 돌고 있다는 지동설이 증명되기 전까지, 남들로부터 또라이 취급을 받은 몇몇을 제외한 대부분 사람이 지구가 우주의 중심이고 태양이 지구 주위를 돌고 있다는 천동설을 믿었다. 지구는 평평하고 바다 끝까지 가면 낭떠러지에서 떨어진다고 믿기도 했다. 만약 우리가 그 시대에 살고 있었더라면 홀로 지구가 태양의 주위를 돈다고 확신하고 믿을 수 있을까? 아마도 우리 대부분은 천동설을 맹신할 것이다.

직접 경험하는 것은 좋지만, 문제는 그것만이 옳다고 주장하는 것이다. 우리의 소속이나 역할, 성공이나 실패, 경험은 때로 자신이 속하지 않은 부분을 전적으로 부인하게 만든다. 상대방을 이해하고 소통하고 싶다면 상대방의 입장과 상대방의 경험, 상대방의 소속이나 역할, 상대방의 관점을 이해해야 한다. 내 생각만이 옳다고 생각하면 상대를 이해할 수 없다. 코페르니쿠스Nicolaus Copernicus나 갈릴레이Galileo Galilei가 천동설을 버리고 지동설을 택한 것처럼, 내 입장을 완전히 버려야 상대의 처지가 이해된다.

　사람은 생각하는 동물이다. 그리고 생각은 주관적일 수밖에 없다. 갓 걸음마를 떼기 시작하는 아이조차 하려는 것을 못 하게 하면 화를 내고 짜증을 낸다. 하고 싶어 하는 것과 원하는 것에 대한 자기 생각이 있기 때문이다. 하물며 수십 년을 살아온 사람들이 어떻게 자신만의 생각의 방식, 생각의 프레임이나 패러다임이 없겠는가?
　'나는 항상 상대방 처지에서 생각하려고 노력해. 내 사고는 틀에 갇혀 있지 않아'라고 반박하는 사람도 있을 것이다. 물론 자신보다는 다른 사람 처지에서 생각하고 자기주장을 내세우지 않으려고 노력하는 사람들이 있다. 하지만 그런 성향의 사람마저도 정도의 차이가 있을 뿐 자신의 주관성을 완전히 버리기는 어렵다. 우리의 생각을 가두는 프레임이나 틀은 내가 눈에 쓰고 있는 검은 선글라스, 퍼시 대왕의 핑크 안경 같은 것이기 때문이다. 내 생각을 단편

적이 아니라 전방위적으로 가리고 있는 것이다.

　좌정관천坐井觀天이라는 말이 있다. '우물 안에서 하늘을 바라본다.' 즉 '우물 안 개구리'라는 뜻이다. 평생을 우물 속에서만 자란 개구리는 자신이 세상을 다 안다고 생각한다. 하지만 우물 안에서만 자란 개구리가 알고 있는 세상은 우물밖에 없다. 우물 안에서 보는 하늘은 어떨까? 동그란 원형을 가지고 있으며, 밤에는 별이, 가끔은 달이, 낮에는 태양과 구름이, 가끔은 낮달이 지나갈 것이다. 그러면 우물 안에 있던, 지극히 철학적인 개구리는 어떻게 생각할까? 아마 코페르니쿠스가 우리를 깨우쳐주기 이전의 인간들처럼, 우물을 중심으로 달과 별과 태양이 있는 하늘이 돌아간다고 생각할지도 모른다. 그러면 우리가 갇혀 있는 생각의 틀에서 어떻게 벗어날 수 있을까? 우물 안 개구리가 하늘을 제대로 이해하기 위해서는 우물 밖으로 나와야 한다. '경험'이 사고의 폭을 넓혀준다는 것이다. 그러니 우리는 많은 경험을 하고 여행을 많이 다니고, 여러 사람과 대화하면서 상대의 사고방식을 받아들이려고 노력해야 한다.

　하지만 아무리 경험하려 해도 여자가 남자의 경험을 한다든지, 젊은이가 늙은이의 경험을 하는 것처럼 불가능한 일들이 있기 마련이다. 게다가 아이러니하게도 나이가 들어 경험이 많아지면 이번에는 자기 생각의 틀에 갇혀버리는 사람이 많다. 경험치만큼 자신이 얻어낸 것들이 모두 옳다고 믿어버리는 그릇된 신념은 어쩌면 무경험보다도 더 위험한 것일 수 있다. 상대보다 자신이 옳다고 단정을 내리게 만들기 때문이다.

자, 그러면 결론을 내릴 수밖에 없다. 우리가 가진 생각의 틀에서 벗어나 다른 사람을 온전히 이해하기란 불가능하다. 그러면 어떻게 해야 할까? 간단하다. 이 사실을 인정하면 된다. 코뿔소가 그린, 그림 한가운데 늘 뿔이 있는 그림은 당연하다. 사람이라면 늘 자신이 가진 뿔을 가운데 그려놓고 출발한다. 하지만 그것 때문에 다른 사람에게 고통을 주면 안 된다. 상대를 깎아내리고 테두리에서 벗어나는 사람은 나쁜 사람이라는 시선을 가지면 주변 사람들이 피곤하다.

내가 늦게까지 회식을 하는 것은 발전을 위한 것이고 배우자나 애인이 늦게까지 회식하는 것은 쓸데없이 술 먹는 거라고 우긴다면, 그리고 그것이 반복된다면, 당신은 커다란 뿔을 가진 코뿔소다. 주변 사람을 이해할 수 없거나 사랑하는 사람들과 자꾸 말다툼이 생길 때는 자신을 먼저 돌아보자. 혹시 내가 핑크 대왕의 핑크 안경이나 검은 선글라스를 끼고 있는 것은 아닌지, 내가 커다란 뿔로 눈 앞을 가리고 있는 코뿔소가 아닌지 한번 짚어볼 일이다.

08

/

삶의 고단함을
인정하며…

　　　　　　　돌이켜보면 내 삶은 하루하루
고단함의 연속이었던 것 같다. 막막함을 안고 살던 20대에는 정말
앞이 캄캄했다. 무엇을 해야 할지, 무엇을 하면 좋을지에 대한 정
보도 없이 그저 하루하루 흘러가는 날들을 지켜보는 일 외에는 별
달리 할 수 있는 것을 몰랐던 시절이었다. 버스를 탈 돈이 없어서
열 정거장 정도는 걸어 다니기 일쑤였다. 대학을 졸업하고 취업준
비생일 때는 자취방에 쌀이 떨어지는 일도 비일비재했고, 월세를
못 내 친구 집을 전전하던 날들도 많았다. 지금 생각해보면 그때
어떻게 살았는지 정말 아찔한 생각마저 들 정도다.

그러던 어느 날 개그우먼 이영자가 나를 찾아와서 개그맨 시험을 같이 보자고 했다. 이영자는 나의 대학 동창으로, 당시 개그맨을 꿈꾸고 있던 친구였다. 그때는 KBS나 MBC에서 1~2년에 한 번씩 개그맨 콘테스트를 통해 개그맨을 선발하여 자사 코미디 프로그램에 기용했다. 지금은 특별히 개그맨 콘테스트를 통해 데뷔하기보다는 가수든 배우든 예능적 재능이 있다면 엔터테인먼트의 기획사를 통해서 데뷔한다.

당시에는 개그맨 콘테스트에 합격하는 것이 일반인이 할 수 있는 최선이었기 때문에, 나는 이영자와 함께 개그맨 콘테스트에 지원했다. 그런데 전국에서 웃기기로는 내로라하는 사람들이 모여 겨루는 콘테스트에서 합격하기는 절대 쉽지 않았다. 나는 7번 떨어지고 이영자는 탈락의 고배를 8번이나 마셔야 했다.

이후 이영자는 다운타운 무대에서 활동하다가 시험을 거치지 않고 그 재능을 인정받아 MBC의 이응주 PD에게 캐스팅되어 1992년 〈청춘행진곡〉이라는 프로그램으로 데뷔했다. 당시 이응주 PD는 개그맨 이휘재, 강호동을 데뷔시켜서 스타로 만든 스타 제조기 PD였다. 그녀가 방송에 데뷔하는 과정에서는 전유성 선배가 도움을 많이 준 거로 기억한다.

지금의 이영자라는 이름은 내가 지어준 것이다. 이영자의 본명은 이유미이다. 이유미가 이영자보다 예쁘기는 하지만 개그맨으로는 지나치게 무난했다. 그래서 내가 이영자라는 예명을 만들어서 부르기 시작했다. 작은 승용차 안에서 영자와 이야기하다가 "너는 유미라는 이름보다 영자라는 이름이 더 잘 어울리니까 앞으로는 영자라고 해" 하니까, 영자는 내게 "그럼 너는 병태 할래?"라고 되물었다. 오래전의 영화 〈병태와 영자〉에 나오는 주인공 이름에서 따온 것이다. 그렇게 이영자는 이영자가 되었지만, 나는 그냥 내 이름을 쓰기로 했다. 어쩐지 병태라는 이름은 나와 잘 어울리지도 않고, 마음에 내키지 않았다.

개그맨 콘테스트에 7번 낙방하는 동안에는, 떨어지면 다시 다음 해 콘테스트를 준비하는 일이 연속되었다. 그런데 개그맨 시험을 준비한다는 것은 공무원 시험을 준비하듯 열심히 공부한다든가 토익 점수를 올린다든가 하는 것이 아니라서 참으로 막막하기 그지없었다.

그러던 차에 나에게 마지막 기회가 왔다. 7번째 개그맨 시험에 낙방하자 나는 '표영호 토크콘서트'라는 것을 기획해서 공연하기로 했다. 비록 개그맨 시험에 여러 번 낙방했지만 나름의 개그 철학과 웃음 철학을 보여주고 싶었다. 이 공연을 마지막으로 이제는 꿈을 접고 다른 일을 하겠다고 마음먹고 공연을 준비했다.

'표영호 토크콘서트'는 지금의 개그콘서트 형식으로, 정식으로 데뷔한 개그맨도 아니고 스타는 더욱 아니었던 일반인이 하기에 아주 벅찬 공연이었다. 그런데 아무도 알아주지 않던 그 공연을 MBC의 관계자가 관심을 가지고 구경을 왔다. 공연이 끝난 후 그들은 다음 MBC 개그맨 콘테스트에는 꼭 시험을 보라는 말과 함께 명함을 주고 갔다.

그것이 나에게는 행운의 터닝포인트였다. 그 당시 MBC의 예능에 없어서는 안 될 두 분이 있었는데, 송창의 PD와 김성덕 작가였다. 송창의 PD는 당시 〈일요일 일요일 밤에〉라는 프로그램의 담당 PD로서 주병진, 이문세를 진행자로 기용해서 큰 인기를 끌고 있었다. 이 두 분이 기억할지 모르지만, 명함을 주면서 나에게 "이런 보물을 우리가 몰라본 게 잘못"이라고 하셨다. 그분들이 나를 좋게 봐준 것에 힘입어서 다음 해에 마지막 콘테스트를 치렀고, 결국 합격할 수 있었다. 말 그대로 칠전팔기七顚八起였다. 그때 내 나이가 29세로, 다른 사람들에 비해 데뷔가 좀 늦은 셈이었다.

'표영호의 토크콘서트'를 준비하면서 나는 세상을 배웠다. 기획, 연출, 홍보, 출연, 섭외, 제작, 이 모든 과정을 나 혼자서 준비했는데, 수중에 돈이라고는 딸랑 5만 5,000원밖에 없었다. 공연에 필요한 돈은 공연장 대관료를 비롯한 2,000만 원이라는 거액이 필요한데, 공연하기에는 턱없이 부족한 돈이었다. 1992년 당시에는 인터넷이 일반화되어 있지 않아서 포스터를 붙이는 게 거의 유일한 홍보 방법이었다. 포스터를 제작할 여력도 없었는데 인쇄소 하는 선배의 도움으로 간신히 포스터를 제작할 수 있었다. 포스터를 붙여서 홍보하는 일도 남에게 맡길 수 있는 형편이 못 되어서 밤에 혼자 대학로에서 잠실, 잠실에서 노량진, 노량진에서 영등포, 영등포에서 종로, 종로에서 대학로까지 자전거를 타고 다니며 포스터를 붙이고 다녔다. 허가받지 않고 포스터를 붙이면 불법이어서, 경찰에게 잡혀서 무릎을 꿇고 봐달라고 빈 것도 여러 번이었다.

그렇게 혼자 고생하면서 공연을 준비하는데, 주변에서 도와주겠다는 사람들이 하나둘 생겨났다. 포스터를 같이 붙여주는 선배도 있었고, 표를 사주는 사람도 있었고, 경희대학교의 어느 동아리에서는 밴드 공연을 무료로 해주겠다는 학생들도 있었다. 심지어 양복 한 벌 없는 나에게 무대에서 입을 양복을 사준 선배도 있었다. 그렇게 공연을 끝내고 나니, 내 통장에는 처음에 있던 돈 그대로 5만 5,000원이 남아 있었다. 그렇다. 나는 주변인의 도움으로 공연에 필요한 모든 것을 해결한 것이었다.

처음에는 모든 것이 막막했다. 나에게 도움을 줄 만한 사람이 있는지도 몰랐고, 그들이 내게 도움을 줄 거라고는 상상도 하지 못했다. 그런데 지성이면 감천이라고 했던가? 개고생하는 나에게 손 내밀어주는 사람이 많았다.

나는 공연을 끝내고 한 달을 앓아누웠다. 공연을 준비하는 3개월 동안 제대로 먹지도 자지도 못해서 영양실조와 피로가 겹쳐서 쓰러진 것이었다. 한 달을 앓아누워 있으면서도 나는 희망을 보았다. 다음 콘테스트에 한 번 더 도전하라는 MBC 관계자의 용기를 주는 말과 함께, 나에게 선뜻 도움을 주었던 주변 사람들을 생각하면서 갑자기 자신감이 생겼다. 그저 막막하기만 했던 내 인생의 터닝포인트가 이 공연이었다.

그 공연을 계기로 나는 하려고 하면 길이 보이지만 하지 않으려고 하면 핑계만 보인다는 너무나 당연한 이치를 깨달았다. 처음부터 존재하는 길은 없다. 누군가 처음으로 걸어가고 다른 사람들이 그 뒤를 따라가면 길이 만들어진다는 것도, 사람이 가장 큰 재산이라는 것도 그때 깨달았다. 처음부터 다 만들어진 것은 없다. 하나를 하면 두 개가 보이고, 두 개를 하고 나면 세 개가 보이는 것이다. 중요한 것은 하나를 해야 나머지가 보인다는 것이다. 세상 모든 숫자의 시작은 1부터인 것이다.

나는 개그맨으로 25년 넘게 활동했고, 강연을 통하여 긍정적 변화를 만들어보자는 취지로 좋은 말을 전하는 강연기업 굿마이크를 설립했다. 요즘은 굿마이크를 강연과 모임, 문화 마케터들의 플랫폼으로 거듭나게 하는 작업을 하고 있다.

굿마이크를 창립할 당시 나는 컴퓨터를 쓸 줄 몰랐고, 자판을 치는 법도 몰랐다. 컴퓨터로 할 수 있는 일이라고는 바둑 게임에서 바둑을 두는 것뿐이었다. 컴퓨터로 바둑을 두기 시작한 것이 10년 전인데도 컴퓨터를 그토록 몰랐다는 것은 너무 노력 없이 편하게 산 결과다. 파워포인트를 이용해서 PT를 하는 것은 물론, 한글 파일을 만들어서 글을 쓸 줄도 몰랐다. 자동차의 액셀은 아는데 컴퓨터로 하는 엑셀이 뭔지는 전혀 몰랐다. 이 일 저 일 해보려는 욕구는 많은데 모르는 것이 그렇게 많으니, 사업을 시작한 초창기에 얼마나 고단했겠는가?

내가 책을 쓰고 강의를 시작하고 사업을 하면서 가장 답답했던 것은 컴퓨터를 잘 모른다는 것이었다. 예를 들어 강의 현장에서 무언가를 수정해야 한다든지, 입찰해서 일을 따내려면 직원들에게만 시킬 것이 아니라 내가 직접 컴퓨터를 다루어야 할 경우가 있다. 스피드가 생명인 그때 컴퓨터를 쓸 줄 모르면 일을 그르치기 쉽고 상대방에게 신뢰를 주지 못하는 것이다.

나는 직원들에게 기획 아이디어를 하나 던져주고 준비해보라고 한 후 그들의 태도를 지켜봤다. 몇 개월이 지나도 준비하지 않거나 결과물을 보고하지 않아서 나는 직원들에게 왜 하지 못했는지 따져봤다. 어떤 직원은 "어떻게 해야 할지 몰라서요"라고 대답하고, 또 어떤 직원은 고개만 숙인 채 묵묵부답이었다.

그 원인을 가만히 들여다보면 서식을 모른다든지, 기획 아이디어가 머릿속에는 있는데 파워포인트로 표현을 못 한다든지 하는 경우가 허다했다. 그럴 때마다 나는 "하려고 하면 방법이 보이지만 하지 않으려고 하면 핑계만 보이는 거야"라고 말을 한다.

나는 일단 해보는 성격이다. 할 줄 몰라도 일단 하다 보면 알게되고, 알게 되면 재미있어지는 것도 있고, 그러다 보면 남들보다 잘하게 되는 일도 생긴다. 일이라는 것이 하고 싶어서, 할 줄 알아서, 좋아하는 일이라서 하는 것도 아니다. 일은 하기 싫어도 해야할 때가 있는 것이고 하기 좋은 일, 하기 쉬운 일, 좋아하는 일만 해서는 절대로 살아남을 수 없는 것 아닌가? 어떤 이유든 하지 않은 것은 핑계인 것이다.

하려고 하는 의지만 있다면 얼마든지 가능한 일을 하지 않는 경우가 많다. 이런 내 성격으로 인해서 나는 늘 고단한 삶을 살고 있는지도 모른다. 성공한 사람들 대부분은 고단한 삶을 살고 있으리라. 적어도 내 주변의 사람 중에 흙수저임에도 성공한 사람들은 정말 엄청난 고단함을 늘 곁에 묻고 산다.

희망을 품으면 고단하기 그지없다. 희망을 품지 않으면 고단할 리가 없다. 고단하다는 것은 그대에게 용솟음치는 목표가 있다는 증거다. 고단하다 투덜대면서 그 일을 계속하는 이유는 그대가 살아 있다는 증거를 보여주는 것이다.

3부

진짜
행복의
비밀

> 비에 조금 젖으면
> 비가 무섭지만,
> 비에 흠뻑 젖으면
> 비가 무섭지 않다.

01

인간관계에도
골든타임이 있다

　　재난 발생 시 인명을 구조하는 데
가장 중요한 초반의 시간을 골든타임이라고 한다. 지진이 났을 때
는 이틀 안에 구조되지 않으면 산소나 물 부족으로 사망확률이 높
아지기 때문에 48시간 안에 구조해야 한다. 불이 났을 때는 5분
이내에 진압해야 하고, 비행기에서 비상상황이 발생하면 90초 이
내에 승객들을 탈출시켜야 한다. 그런가 하면 비행기가 뜰 때 3
분, 착륙할 내 8분이 사고가 날 위험이 가장 많은 시간대라 하여
'마의 11분'이라고 한다. 전체 항공사고의 74%가 마의 11분에 일
어났다.

이렇게 촌각을 다투는 재난구조뿐 아니라 인간관계에도 골든타임이 있다. 인간관계에서의 골든타임은 상대의 감정에 반응했을때 상대방 역시 나의 감정을 눈치채고 서로 소통이 되는 시간이라고 할 수 있다. 예를 들어 상대방이 나 때문에 화가 났을 때는 즉시 풀어주어야 한다. 화를 풀어주는 골든타임은 '그 즉시'인 것이다. 화를 풀어줄 수 있는 골든타임을 놓치게 되면 상대방의 마음이 굳어버리거나 화병 또는 우울증이 생길 수도 있다. 누군가에게 고마울 때 역시 마찬가지다. 적어도 2~3일 이내에 고마움을 표시하거나 작은 선물이라도 하는 것이 좋다. 인간관계에서 골든타임을 놓치면, 이를 회복하기 위해 몇 배 더 노력해야 하거나 아니면 영원히 돌이킬 수 없을 만큼 사이가 멀어지게 된다.

인간관계의 골든타임을 놓치고 나면 후회하며 살아가게 된다. 한 여론조사에서 지금까지 살아오면서 어떤 것이 후회되는지 물었더니 40대 남녀의 대답 중에 특이한 것이 있었다. 남자는 '그 여자 잡을걸', 여자는 '그 사람이랑 결혼할걸'이란 대답이 나온 것이다. 한때 사랑했던 사람과 헤어지고 다른 사람과 살아보니 옛사람이 생각난 것일까? 아니면 그 사람에 대한 아쉬움인가? 아니면 지금 사는 사람에 대한 불만인가?

어쨌든 두고두고 미련이 남는 이런 후회를 '해보지 않은 것에 대한 아쉬움' 정도로 치부하자. 나는 이것을 인간관계에서 진심을 말하는 골든타임을 놓친 것이라고 본다. 사랑하는 사람에게 청혼하지 못하고 떠나보낸 것에 대해 미련이 남는 것, 이것은 청혼의 골든타임을 놓친 것이다. 청혼에도 골든타임, 즉 타이밍이 있는 것이다.

꼭 청혼이 아니더라도 인간관계에서는 어떤 말을 해야 할 타이밍이 있다. 그 말을 해야 할 타이밍을 놓치면 예상치 못했던 고민거리를 떠안게 된다. 맺고 끊는 것을 잘 못 하는 나도 말할 타이밍을 놓치고 나서 후회하는 경우가 많다. 하루는 지인이 찾아와서 돈을 빌려달라고 부탁했다. 큰돈이 아니라 사회활동에 필요한 정도의, 생활비 명목의 금액이었다. 그 사람이 그런 부탁을 할 때마다 몇 번 그냥 빌려주었는데, 또 돈을 빌려달라고 부탁하는 것이다.

그간 빌려준 돈도 돌려받지 못했기 때문에 더 이상 빌려주고 싶지 않았지만, 거절하기도 미안하고 안 빌려주기도 매몰찬 것 같아서 생각해보자고 애매한 대답을 했다. 그러자 그 사람은 다음 날부터 매일 전화해서 '언제까지 되느냐?', '준비되면 연락해달라'며 채근하기 시작했다. 어느새 내가 빚쟁이가 된 것이다. 나는 더는 빌려주기 싫었는데 모호하게 대답해서 그 사람에게 여지를 준 것이다. 매몰차게 자르지 못하는 성격 때문에 생각해보자고 한 것이 잘

못이었다. 거절할 수 있는 타이밍, 골든타임을 놓친 것이다.

거절의 골든타임을 놓치고 시간이 더 지나자 그 친구와의 관계는 점점 더 이상하게 틀어졌다. 그 친구 입장에서 보면 나는 돈을 빌려주지도 않으면서 시간을 질질 끈 죄인이 되는데, 차라리 처음부터 나도 금전적으로 어려우니 빌려주기 힘들다고 거절의 의사를 분명히 밝혔다면 그 친구와의 관계는 틀어지지 않았을 것이다. 내 생각을 상대방에게 정확히 말하지 않음으로써 상대가 착각하게 하는 것도 인간관계에서 조심해야 할 것 중 하나다.

인간관계에서 절대로 놓쳐선 안 될 것 중 하나는 사과의 골든타임이다. 생각해보면 큰 잘못이 아니더라도 사과해야 할 일이 하루에도 몇 번씩 생긴다. 약속 시각에 늦었다거나, 약속된 시간에 일을 끝내지 못했다거나, 지나가는 사람과 어깨가 부딪쳤다거나, 배우자의 기념일을 챙기지 못했다거나, 상대방의 감정이 상한 것을 알아채지 못했다거나…. 생각지도 않게, 또 본의 아니게 우리는 사과할 일들과 자주 마주치게 된다.

내가 잘못했건 실수했건, 일단 사과할 일이 생기면 번개보다 빠른 속도로 사과하는 것이 좋다. 우리는 보통 상대가 쿨하게 사과하면 용서해줄 뿐만 아니라 그를 위해 더 해줄 것이 없는지 고민하게 되는 아이러니한 성격을 지니고 있다. 강조하건대 사과는 '즉시'

해야 한다. '나중에 만나면 사과하지 뭐'라고 생각하는 것은 이미 골든타임을 놓친 것이다.

사과는 타이밍도 중요하지만, 사과할 때는 변명과 분명히 구분해야 한다. 사과하는 사람의 가장 큰 오류가 변명했으면서 사과했다고 착각하는 것이다. "왜 이렇게 늦었니?"라고 물으면 "죄송합니다, 늦었습니다" 하면 되는 것을 "차가 좀 늦게 와서요"라고 말한다. 이것은 변명인데, 이렇게 말한 거로 본인은 사과했다고 생각한다. "길이 막혀서요." 이것 역시 변명이지 사과가 아니다.

사람은 누구나 실수할 수 있다. 좋은 사람들도 때로는 나쁜 선택을 할 때가 있다. 그것은 실수하는 사람이 꼭 나쁜 사람은 아니라는 것이다. 실수한다는 것은 그들도 인간이라는 것을 의미하며, 그런 실수가 그의 전부를 말하는 것은 아니다. 그러나 실수했을 때 그것을 덮으려 한다면, 실수보다 더 큰 실수를 하게 되면서 나쁜 사람으로 전락할 수도 있다.

몇 년 전 KBS에서 매일 아침 생방송을 진행한 적이 있다. 어느 날 생방송 30분 전에 방송국 앞에서 교통사고가 났다. 신호등에 서 있는 내 차를 다른 차가 와서 들이받은 것이다. 그래서 내가 "가만히 서 있는 차를 받으면 어떡합니까?"라고 했더니 그 사람이 "뒤에서 볼 때 내 차가 갈 듯 말 듯 서 있어서 가는 줄 알고 진행하다가

받았어요" 하는 것이었다.

가만히 서 있는 차를 뒤에서 들이받아 사고를 냈으면 사과부터 해야 하지 않을까? 그래서 내가 그분에게 "핑계 대지 말고 정확히 사과하세요" 했더니 이분이 바로 사과했다.

"죄송합니다. 아침 일찍부터 너무 죄송합니다. 제가 받았습니다."

그래서 나는 "그럼 됐습니다. 사과했으니 그냥 가세요"하고 보냈다. 내 차가 좀 찌그러졌고, 갑자기 차를 들이받는 바람에 근육이 놀라서 몸도 아팠다. 하지만 그분이 정확히 사과했기 때문에 그냥 보낸 것이다. 그랬더니 그분이 그날 아침 방송국 게시판에 글을 썼다.

"오늘 새벽에 방송인 표영호 씨와 교통사고가 난 ○○○입니다. 이러이러한 일이 있었는데 표영호 씨가 나를 그냥 보내 주어서 일과를 기분 나쁘게 시작하지 않았습니다. 표영호 씨에게 감사를 전합니다. 고마웠습니다."

그 차를 운전한 사람은 중학생 학부모였다. 중학생 아이가 새벽부터 학원에 공부하러 가는 길이었단다. 그 학부모가 게시판에 글을 올렸기 때문에, 표영호가 교통사고를 당했음에도 불구하고 사고 낸 사람을 돌려보냈다는 이야기가 방송국에 소문이 났다. 국장이 나를 오라고 부르거니 '표영호 쿨한 남자'라고 칭찬했다.

사실 나로서는 내가 그분에게 책임을 묻지 않은 게 잘한 것이 아니라, 그분이 쿨하게 자기 잘못을 인정한 게 잘한 것이다. 사과는 골든타임이 중요하다. 내가 잘못한 것을 인지한 그 순간에 사과하는 것이 바로 골든타임이다. 바람에 굽히는 나무는 잔가지까지도 구해낼 수 있지만, 숙일 줄 모르는 나무는 뿌리까지 바람에 쓰러진다.

그렇다면 다양한 인간관계에서 각각의 골든타임이란 언제일까? 강연장에서 받은 많은 질문 중에 가장 빈번한 것 세 가지를 소개한다.

첫 번째, 부부싸움 후 화해의 골든타임은 언제일까?

부부싸움을 했을 때는 싸운 날 밤 잠들기 전까지가 골든타임이다. 그날 싸운 것은 그날 푸는 것이 좋다. 만약에 싸운 날 오후에 지방이나 해외로 출장을 가게 되어 같은 잠자리에 들지 못한다면, 출장지에서 잠들기 전에 사과의 문자를 보내는 것이 좋다. 역시 싸운 내용을 하나하나 짚어가며 시시콜콜하게 사과하는 것보다 "너의 마음을 헤아리지 못해서 미안해. 사랑해"라고 하는 것이 좋다.

두 번째, 고마움의 표시는 언제 하는 것이 좋을까?

고마움의 표시는 고마움을 느낀 그 즉시 하는 것이 좋다. 고맙거나 미안할 때는 인지한 그 즉시가 골든타임이다. '나중에 얼굴 보면 그때 인사하지 뭐', 이런 마인드는 골든타임을 놓쳐서 오히려 독이 된다.

세 번째, 직장 후배를 야단치고 난 다음 언제쯤 미안한 마음을 표현해야 할까?

역시 야단을 친 직후가 좋다. 화가 가라앉질 않았겠지만, 그런데도 마음의 상처를 줄여준다는 의미에서 즉시 하는 것이 좋다. "화를 내서 미안해"라는 식의 표현이 좋다.

인간관계의 골든타임을 인지할 수 있는 것은 능력이 아니라 노력이다. 골든타임이 언제인지 알면서도 노력하지 않는 것은 아집으로 가득 차고 문제해결력이 떨어지는 사람이다.

02

만약에 너를
만나지 않았더라면

우리는 과거를 회상할 때
"만약"이라는 말을 자주 한다.

"만약 그때 ○○대가 아니라 ○○여대를 진학했다면 원하는 전공을 찾았을 텐데.", "만약 그때 지금 사는 아파트 말고 다른 아파트를 샀더라면 돈을 더 벌었을 텐데.", "만약에 그 남자와 결혼했다면 지금 더 행복했을 텐데", "만약 그때 거기 가지 않았더라면 지금 더 행복했을 텐데." 등등 신택의 살림길에서 다른 선택을 했다면 더 나은 삶을 살 수 있지 않았을까 후회하기도 한다.

과거에는 생활 자체가 단순해서 고민할 일이 지금처럼 많지는 않았다. 현대인이 하루 평균 선택의 갈림길에 서는 순간이 무려 50회라고 하니 '결정 장애'라는 신조어가 나타난 것도 이상한 일이 아니다. 아침 식사는 무엇을 먹을까. 오늘은 어떤 옷을 입을까. 지하철을 타고 출근할까, 버스를 탈까.

쇼핑을 하러 가서도 비슷한 디자인, 비슷한 색의 제품을 놓고 결정하지 못해 몇 시간씩 백화점을 빙빙 돌다가 결국 빈손으로 돌아오기도 한다. 커피 주문대 앞에 서면 고민이 왜 이렇게 많은지. 아메리카노를 마셔야 할까 아니면 달달한 마키아토를 마실까 고민하다가 결국 종업원 앞에서 "아메리카노요. 아, 아니 캐러멜 마키아토요. 아, 아니다. 라떼요. 아…. 그냥 아메리카노 주세요."하는 경우가 허다하다.

이런 행동을 자주 한다면 곰곰이 생각해보자. 하나를 선택했을 때 다른 하나에 대한 미련 때문에 지금의 선택을 제대로 음미하지 못하고 있는 것은 아닌지. 현재 나에게 있는 것에 만족하고 감사하지 못하고 후회만 하는 것은 아닌지.

인간관계에서도 마찬가지다. 나는 28살이 되던 해 방송사의 콘테스트에 합격해 방송 생활을 시작했다. 7번 떨어지고 8번 만에 합격하는 그야말로 7전 8기의 경험을 했는데, 그때 심사위원으로 만난 분은 나에게 "너는 참 포기를 모르는구나? 해마다 본선에서 만나네?"라고 말하며 나를 기억할 정도였다. 바로 그처럼 힘든 시기에 나는 잊지 못할 인연을 만났다.

당시 이문열 작가 원작의 〈들소〉라는 작품에 캐스팅이 됐다. 꽤 중요한 배역을 맡았는데 작품 배경이 원시시대라 디테일한 감정 연기가 필요했고, 시대를 이해할 객관적인 자료도 필요했다. 그러던 어느 날 대학 후배가 한 여자를 소개해주었다. 그녀는 부유한 집안 출신에 유명 여대에 재학 중인 팔방미인이었다. 그녀는 나를 만난 날부터 내가 출연하는 〈들소〉를 몇 번씩 읽고 나름대로 내용을 분석해 나에게 알려주었다. 그리고 그녀의 리포트가 연기에 정말 큰 도움이 되었다.

그렇게 자주 마주치느라 정이 들었던 것일까? 그녀가 먼저 나에게 사랑한다고 고백했다. 내가 원래 살던 오피스텔에서 전셋집으로 이사할 때는 고급 침대를 선물하기도 했다. 그런데 당시의 나는 그녀가 내 집 주소를 알게 되는 게 싫어서 가구점에서 결제만 하면 직접 찾아가겠다고 선을 그었다.

그 후에도 그녀는 내가 지방 촬영하러 갈 때면 본인의 차를 빌려주기도 하고, 방송국 녹화 시간이 끝나도록 나를 기다리기도 했다. 방송국으로 먹을 음식이며 꽃을 한 아름 보낸 적도 있는데 그녀의 사랑이 버거웠던 나는 번번이 벽을 세웠다. 결국, 그런 일이 1년 넘게 반복되자 그녀도 지쳤는지 마지막으로 "오빠를 만나지 않았더라면 좋았을 거예요."라고 말하며 나를 떠났다. 생각해보면 참 고마운 여자였다. 따뜻하고, 친절하고, 날 사랑했던 그녀. 만약 그녀와 결혼했다면 나는 어떻게 살고 있을까?

그런데 얼마 전 그녀와 20년 만에 우연히 한 정책 포럼에서 마주쳤다. 우리는 마치 어제 만난 지인을 본 것처럼 슬며시 웃으며 악수했고, 그녀는 미국 유학을 마치고 돌아와 서울 모 대학에서 학생들을 가르친 지 10년이 되었다고 말해주었다. 그리고 그녀가 그런 말을 했다.

"우리가 예전에 헤어질 때 제가 했던 말 기억나세요? 그때는 당신을 만나지 않았더라면 좋았을 거라고 말했지요. 그런데 시간이 지나 보니 그렇지 않더라고요. 그때 좋은 추억을 만들어줘서 고마워요."

그녀의 말을 듣고 나는 "만약"이라는 말에 대해 많은 생각이 들었다. 만약이라는 가정보다 더 중요한 것은 어떤 상황을 받아들이는 우리의 태도에 있지 않을까. 하고.

MBC 〈일요일 일요일 밤에〉라는 프로그램에서 "인생극장"이라는 코너를 방영하던 시절이 있었다. 주인공은 항상 자기 앞에 놓인 선택의 갈림길에서 고민하다가 "그래 결정했어."를 외치고 한쪽 길을 선택한다. 주인공은 자신의 선택에 따른 삶을 살게 되는데, 마지막 순간에 다시 선택의 갈림길로 돌아가 한 번 더 "그래 결정했어."를 외치며 다른 길로 가는 모습이 나온다. 양쪽 선택에 따른 결과를 모두 보여주는 것이다. 그런데 한 쪽 길이 해피엔딩으로 끝난다고 해서 다른 길이 무조건 새드엔딩으로 끝나지는 않는다. 어떨 때는 두 선택 모두 주인공에게 해피엔딩을 안겨주었고, 어떨 때는 두 선택 모두 새드엔딩이 되기도 했다. 그래서 이 방송을 보다 보면 절로 이런 생각이 들었다. "선택"보다 중요한 것은 "선택한 후 나아가는 길이다."라는.

사람들은 누구나 후회를 한다. 아무리 잘 살아온 사람이라도 한 번쯤은 자신의 선택을 후회한 적이 있다. 그래서 중요한 것이 실패나 후회를 딛고 일어서는 "회복 탄력성"이다. 과거를 아쉬워하거나 후회만 하면 아무 소용없다. 과거 잘못된 선택을 했다면 "만약 그때 ○○한 선택을 하지 않았더라면"이라고 후회할 것이 아니라, 지금에 최선을 다해야 한다. 그러다 보면 내 인생에서 서서히 "만약"이라는 단어가 줄어들지 않을까?

나는 "만약"의 반대가 "지금"이라고 생각한다. 지금에 충실하면 "만약에"라는 단어를 줄일 수 있기에 나는 그렇게 살고 싶다.

혼밥의
레벨

어느 유명한 심리학 교수가
'외로운 것이 사람의 운명'이라는 말을 했다. 나는 이 말에 전적으
로 동의한다. 아무리 많은 사람 속에 있어도 사람들은 제각기 자기
세계를 가지고 있으며, 아무리 친한 사람끼리도 전적으로 상대를
이해할 수 없으므로 사람은 외로울 수밖에 없다. 사랑하는 부모 ·
자식이나 수십 년 함께 살아온 부부라고 할지라도 서로의 아픔을
대신해줄 수 없고, 자기 몫의 삶은 오롯이 자신이 감당해야 한다.

그런데 우리나라 사람들은 자신이 약하고 외롭다는 사실을 잘

드러내지 않는다. 특히 눈물을 보이지 말라고 어려서부터 교육받은 남자라면 더욱 그렇다. '외롭다'라는 말을 자주 하면 다른 사람들 눈에 무능해 보이거나 타인과 어울리지 못하는 성격의 소유자라 여겨질까 봐, 외로워도 외롭지 않은 척하게 된다. 남들에게 말하지 못하기 때문에 우리는 스스로 엄청난 외로움의 스트레스에서 탈출하고자 애를 쓴다. 하지만 탈출하려고 애를 쓰면 쓸수록 우리는 더욱 외로워지고 만다.

점심때 가끔 혼자 밥 먹기 싫어 가까운 사람에게 슬쩍 물어본다.

"점심 약속 있지?"

'같이 점심 먹자'라고 할 자신이 없어 '점심 약속 있지?'하고 여지를 두며 물어보는데, 아니나 다를까 대부분 약속이 있다고 대답한다. 그럴 때는 나만 빼고 다들 스케줄이 많은 것 같아 더 외로워진다. 그러다가 혼자 먹으러 나가기가 싫어서 점심을 건너뛰기도 한다.

그런데 최근 '혼밥', '혼술'이라는 신조어가 생겨났다. 혼자 밥 먹고 혼자 술 마신다는 말이다. 혼밥하는 사람들에게 이유를 물었더니 '같이 먹을 사람을 찾기 어려워서', '시간이 없기 때문', '시간을 절약할 수 있어서'라는 세 가지 공통된 답이 나왔다고 한다. 물론 바쁜 사회생활 속에서 개인적인 시간이 부족한 이유도 있을 것이다.

　나는 혼밥, 혼술을 이미 아주 오래전부터 실행하고 있다. 예전에는 혼자 밥 먹는 것이 싫어서 굶기가 일쑤였는데, 요즘엔 혼자 밥 먹는 것이 일상화되었다. 연예인이라는 신분을 가지고 식당에 혼자 들어가서 밥을 먹는 것은 상당히 민망스러운 일로 여겨졌었다. 그런데도 요즘은 혼자 식당에 잘도 들어간다. 주변의 눈치보다는 내 배고픔이 더 큰 모양이다. 나이가 들어가는 증거일까?

　그래도 아직은 눈치를 좀 보는 편이어서 사람이 많은 식당에는 혼자 선뜻 들어가질 못한다. 그래서 가끔, 아주 가끔은 사람들로 북적대는 맛집에 가면 두 사람분을 주문하고 마치 사람이 또 올 것처럼 행동하며 혼자 밥을 먹은 적도 있다.

　그런데 우연히 〈나 혼자 산다〉라는 프로그램을 보다가 나는 크게 웃어버렸다. 그룹 신화의 멤버인 김동완이 패밀리 레스토랑에 들어가 혼밥을 너무 자연스럽게 하는 데다가, 혼밥에도 레벨이 있다는 사실을 알았기 때문이다. 혼밥 레벨은 가장 쉬운 1단계부터 가장 어려운 9단계까지 있었다.

　1단계는 편의점에서 밥 먹기다. 요즘 편의점에 가면 컵라면부터 도시락까지 갖가지 먹거리가 있을 뿐만 아니라 즉석에서 먹을 수 있도록 전자레인지와 뜨거운 물까지 제공되기 때문에 가장 쉬운 레벨로 책정된 것이다.

2단계는 학생식당에서 밥 먹기, 3단계는 패스트푸드점에서 세트 먹기, 4단계는 분식집에서 밥 먹기다. 5단계는 중국집이나 냉면집 같은 일반음식점에서 밥 먹기, 6단계는 맛집에서 밥 먹기, 7단계는 패밀리 레스토랑에서 먹기다. 패밀리 레스토랑에는 친구들이나 가족 단위로 오는 사람들이 많고, 자주 일어나서 접시에 음식을 덜어다 먹어야 하므로 혼자 밥 먹기는 상당히 어려운 상황임이 틀림없다. 나도 일반음식점에서 혼자 먹어본 적은 있지만 패밀리 레스토랑에서 혼자 먹어볼 만한 배짱과 호사를 누려본 적은 없다. 8단계는 고깃집이나 횟집에서 먹기, 9단계는 술집에서 술 혼자 먹기다.

이 레벨 테스트에 따르면 나의 혼밥, 혼술 레벨은 6단계인 셈이다. 혼술을 하는 것은 분명한데 술집에 가서 혼자 마시는 것이 아니라 주로 집에서 혼자 마신다. 내가 20대 때 처음 술을 마셨던 이유는 술이 좋아서가 아니라 사람들과 자연스럽게 어울리는 것이 좋아서였다. 하지만 나이가 들어갈수록 많은 사람과 왁자지껄 마시는 술자리보다 한두 사람과 조용한 대화를 나누는 것이 좋아졌다. 그러다 보니 나도 모르게 술을 즐겨 마시는 애주가가 되었고, 가끔은 나 혼자 마시고노 싶어졌다.

혼술을 처음 하기 시작한 것은 자주 어울리는 친구 중에 술을 즐겨 마시는 사람이 거의 없었기 때문이다. 그래서 친구들과 만나

차 마시며 수다를 떨다가 집에 오면 혼자 소주 한 병을 마시고 잠 드는 일이 빈번해졌다. 혼자 술 마시는 것은 여러모로 편하고 장 점이 있다.

우선 옆에서 부추기는 사람이 없으니 주량 껏 마실 수 있어서 좋 았고, 분위기가 왁자지껄하지 않으니 혼자 조용히 생각하는 시간 이 되어서 좋았고, 혼자 한잔하면서 책을 읽을 수 있어서 특히 좋 았다. 혼자 술을 마시는 시간은 나에게 주는 일종의 휴식 같은 시 간이었다. 나는 술 마시면서 책을 읽다가 졸리면 바로 덮고 잤다. 내 자유 시간이었다. 이게 아주 습관이 되어버린 어느 날 가만히 생각해보니, 진짜 누군가와 같이 마시고 싶은 날도 같이 마셔줄 사 람이 없었다.

돌이켜보면 누가 나를 불러서 술 한잔하자고 하는 경우보다 내 가 술 마시자고 사람을 불러낸 경우가 더 많았다. 그것은 어쩌면 다른 사람은 나에게 위안받을 것이 없는데 나는 위안받을 것이 있 다든지, 아니면 다른 사람은 내게 필요한 것이 없는데 나는 다른 사람과 소통을 통해 뭔가를 얻으려는 욕구가 큰 것일 수도 있다는 생각이 들었다. 어쩌면 나의 외로움과 연관이 있을 것이다. 나는 외로움을 잘 느끼는 편이라서 지금보다 더 나이가 들었을 때의 나 를 생각하면 미리 겁부터 난다. 누군가가 옆에서 떠들어야 잠이 오 기 때문에, 잘 때도 텔레비전 뉴스 채널을 켜놓고 눈을 감곤 한다.

그래야 잠이 잘 온다.

외로움이란 무엇일까? 외로움은 결핍이다. 공허하면 외롭다고 느끼게 되고, 외롭다고 느끼면 더 고립되어가는 느낌이 든다. 그래서 사람은 둘이 있으면서도 외로움을 느끼고, 셋이 있어도 외로움을 느끼고, 많은 사람 틈에서도 외로움을 느낀다. 외로움의 반대말은 뭘까? 우리가 태어나서 죽을 때까지 단 한 순간도 외롭지 않은 날이 없기에 외로움은 반대말이 필요하지 않다. 그러면 외로움의 동의어는 뭘까? 외로움의 동의어는 가난이다. 돈이 없으면 외로운 법이다.

외로움이 많으면 독립적인 사람이 되기 힘들다. 외로움을 즐길 줄 알아야 진정한 독립이라고 생각한다. 진정한 독립은 경제적 독립이나 의견의 독립보다도 정신의 독립이다. 그렇다면 어떻게 정신적인 독립을 이룰 수 있을까? 내 인생의 중심을 나에게 두어야 한다. 자기 인생의 중심을 밖에다 두고 살아가는 사람들은 늘 마음이 허한 법이다. SNS에 공개되는 일상들을 가만히 들여다보면 대부분은 중심이 '나'에게가 아니라 '불특정 다수의 여러분'에게 있는 것을 알 수 있다. 허한 마음을 움켜쥐고 외로움을 달래줄 그 무언가를 찾아 여기저기 빙황하는데, 우리는 벗어나려 할수록 더 갇히게 되고 그럴수록 더 외롭고 더 허해진다.

강연장에서 강의를 마치고 나면 이런저런 질문을 많이 받는다. 대구 어느 강연장에서 한 대학생이 이런 질문을 했다.

"저는 집을 떠나 대학을 다녀요. 객지여서 진짜 외롭고 힘든데 마음 터놓고 얘기할 사람도 없고, 22살인데 하고 싶은 것도 없고 목표도 없고 그야말로 인생을 왜 사느냐 싶거든요. 이럴 땐 어떻게 해야 하는지요."

객석에서 웃음이 터져 나왔고 말하는 본인도 웃음이 터졌다. 내가 물었다.

"지금, 이 순간도 외로우세요?"

"아니요."

"그럼 언제 외로우세요?"

"집에 가만히 있을 때요."

"학생은 무언가를 해야 하는 사람이에요. 그런데 학생은 꿈이나 목표가 뚜렷해서 무언가를 열심히 하는 것이 아니니까 외로운 거예요. 다시 말하면 무언가를 하고 있을 땐 외롭지 않은 것이 아니라 외로움을 잠시 잊게 되는 거죠. 무언가를 하는 순간에는 그것에 집중하니까 외로운 감정이 들어올 틈이 없는 것이죠. 그래서 학생은 엄청나게 큰일을 할 사람인지도 몰라요. 스스로 외롭지 않으려고 무언가를 끊임없이 해야 한다는 것을 알았으니까…."

가수들에게 언제 가장 외로운지 물어보면 공연이 끝난 직후 혼자 있을 때라고 대답하는 이가 많다. 연극배우에게 물어보면 역시 공연이 끝나고 텅 빈 객석을 볼 때라는 말을 가장 많이 한다. 사업하는 사람들은 어떤 결정을 내려야 할 때 가장 외롭다고 한다. 가까운 사람들에게 조언을 구한다 해도 결정은 결국 자신이 내려야 하고, 그 결정에 따르는 책임은 고스란히 혼자서 감당해야 하기 때문이다. 그리고 결혼한 주부들에게 언제 외롭냐고 물으면 아이들이 어느 정도 크면 외롭다고 한다. 엄마의 손길이 필요하지 않기 때문이다. 직장 맘은 가족들이 다 잠든 후가 가장 편안하면서도 외로운 시간이라고 한다. 요컨대 우리는 모두 하나같이 외롭다.

나에게 외로움을 극복하는 방법을 묻는 이들이 많은데, 사실 나도 외롭다. 외로움을 극복하기 위해서 책을 읽고 이런저런 극복법을 찾아 실천해보기도 했다. 둘이면 외롭지 않을까 봐 사랑을 해봐도 잠시뿐, 외로움은 계속 감정의 틈을 비집고 들어왔다. 사랑은 하면 할수록 더 외로워지는 것 같다. 외롭지 않으려면 많이 움직이고 활동하라고 해서 그렇게 해보기도 했다. 하지만 많이 움직이고 많이 활동하는 도중에도 외로움은 잘도 밀고 들어왔다.

이런 노력 끝에 얻은 결론은 이렇다. 외로움은 극복하는 것이 아니다. 외로움은 당연하고 외로움은 늘 내 곁에 있으니, 그저 친구라고 생각하고 즐겨야 한다. 누군가 당뇨나 암은 극복하는 것이 아니라 친구라 생각하고 잘 다스리면서 지내야 한다고 말한 적이 있는데, 외로움도 극복하는 것이 아니라 친구가 되어야 한다. 우리가 노후 생활을 위해 경제적인 부분을 준비해가듯, 나이가 들어 찾아올 외로움도 준비해야 한다. 사람이 외로운 것은 당연하다. 나만 외로운 것이 아니고 누구나 다 외롭다. 외로운 것을 어디엔가 의지할 것이 아니라 외로운 것 자체가 삶이라고 생각해야 한다. 그러므로 외로움은 친구다.

04

나랑 있으면서
계속 핸드폰만 볼 거야?

　　　　　　　　'루스벨트' 대통령은 미국의
역대 대통령 가운데 가장 인기 있는 대통령으로 꼽힌다. 루스벨트
와 이야기를 나눈 사람은 누구나 자신이 루스벨트 대통령으로부
터 존중받았다는 느낌이 든다고 한다. 대통령 앞이면 소위 쫄거나
굽실거림이 나올 법도 한데 과연 상대방에게 어떻게 대했기에 대
통령한테 존중받았다는 느낌이 들었을까? 루스벨트 대통령이 그
런 평가를 얻을 수 있었던 건, 상대방에 대한 남다른 배려에서 비
롯되었다고 한다. 대화의 상대가 정해지면 사전에 상대방의 직업
부터 시작해 좋아하는 취향, 취미 등을 알아내곤 대화를 할 때 상

대방이 관심을 가질 만한 주제로 이야기를 꺼낸다. 상대방이 자기 자신의 이야기를 하지 않고 나에게 대화의 주제를 맞추니, '나에게 관심이 이렇게 많구나.' 하는 생각이 든다고 한다. 그러니 당연히 존중받는 느낌이 들 수밖에 없을 것이다.

사람을 대할 때마다 루스벨트처럼 할 수는 없겠지만, 적어도 만나는 동안만은 서로에게 충실해야 할 것이다. 만나는 동안 앞사람은 앉혀 두고 다른 사람과 통화하는 데 시간을 보내고, 거기에 간간이 문자 메시지를 주고받고, 주식 체크까지 하느라 바쁜 사람이 있다. 친한 친구라면 쓴소리 한마디라도 하지, 그런 말도 못 하는 사이라면 만나는 내내 '이 자리에 내가 왜 있지?' 하는 의문만 들 것이다. 또 자기 이야기만 실컷 하는 사람도 있다. 그런데 문제는 이제 좀 내 이야기를 할라치면 휴대전화를 들었다 놨다 정신이 산만하거나, 눈을 마주치지 않고 딴 데를 쳐다보는 사람도 있다. 이야기할 때, 지루한 모습, 관심 없는 얼굴만큼 맥 빠지는 것도 없는데 말이다.

사업 때문에 만났든, 차 한 잔을 하기 위해 만났든 간에 만나는 동안 가장 신경 써야 할 사람은 바로 눈앞에 있는 사람이다. 시간이 펑펑 남아도는 사람을 만났어도 그 사람은 이 시간을 위해 자기 시간을 내준 귀한 사람인 것이다. 보험을 하는 친구가 쉽지 않은 발걸음을 하고 어려운 이야기를 꺼낸다면 형편상 보험을 들어 주지는 못해도, 최소한 친구의 이야기에 귀를 기울여줘야 한다. 만약 정말 시간이 없고 친구가 오는 게 귀찮다면, 아예 만남 자체를 거절하는 편이 더 좋을지도 모른다. 거절 받았다는 서운함보다 만났지만 하찮은 대우를 받았다는 느낌이 더 비참할 수도 있으니까 말이다. 방송하거나 강연을 다닐 때 가장 좋은 사람은, 리액션reaction 즉 반응을 해주는 사람이다. 웃기지 않은데 억지로 웃어주는 것이 아니라, '나는 지금 당신의 이야기를 듣고 있다.'라는 느낌을 들게 해주는 것이다. 눈을 반짝이며 듣는 청중 앞에서는 좋은 긴장감을 느끼게 되고, 더 열심히 하게 된다. 적절한 호응을 보내 주는 청중 앞에선 소위 없던 애드리브도 생겨나 신나게 떠들게 된다. 목이 아픈 줄도 모르고, 몇 시간을 서 있어도 아프지 않은 무쇠 다리로 변신하게 되는 것이다. 칭찬이 고래를 춤추게 했다면, 나에게는 청강자들의 반응이 강연을 빛나게 한다.

기업체나 단체에서 특강을 할 때 강연이 아주 신나는 경우가 있다. 듣는 이나 화자나 시로의 만족노가 매우 높은 경우를 보면, 대부분 듣는 이가 재미있게 들어 줄 때이다. 대화의 기본은 '잘 들어 주는 것'이라고 하지만, 잘 들어 주는 일이란 참 힘든 일임에는 틀림이 없다. 관심 분야가 같으면 맞장구치며 주거니 받거니 하겠지만, 내가 모르는 분야, 특히나 재미도 없는 이야기라면 그야말로 꿀 먹은 벙어리가 되는 것이다.

그렇다고 해서 지루한 표정을 하거나 딴짓한다면 상대방은 더는 대화의 의지가 없는 것을 알아차리고, 그다음의 시간은 어색한 침묵만 흐르게 될 것이다. 조금 지루하더라도 '난 당신의 이야기를 다 듣고 있다.'라는 느낌이 들게 해줘야 한다. 분명 내가 어디서 이야기를 할 때, 누군가도 지루해서 들었던 사람이 있겠구나, 역지사지의 정신을 발휘해 보는 것이다. 내가 필요해 만나거나, 내가 필요해서 만나거나, 아니면 시간이 남아돌아 그냥 가볍게 만나거나, 그 어떤 목적으로 누군가를 만나더라도 상대방이 존중받는다는, 기분 좋은 느낌이 들게 해줘야 한다.

자, 이제부터 사람을 만날 때 연속 통화질, 폭풍 카톡질은 절대 삼가고 이 말을 새겨두자.

"가장 소중한 사람은 지금 내 앞에, 나와 함께 있는 사람이다."

05

사람은
무엇으로 사는가?

비올리스트 리처드 용재 오닐의
활약이나 인터뷰를 볼 때마다 느끼는 점이 참 많다. 그의 어머니는
전쟁고아로 어릴 때 미국으로 입양이 되었는데, 입양 당시 고열을
앓다가 뇌 손상을 입어 지금까지 언어장애를 갖고 있다고 한다. 정
신지체인 상태에서 용재 오닐을 낳았고, 그는 양 조부모 손에서 키
워졌는데, 그가 음악 공부를 마음 놓고 할 만큼 형편이 넉넉하지
는 못했다고 한다. 그런데 어떻게 비올리스트 사상 최초로 미국 줄
리아드 음악원 '아티스트 디플로마 프로그램'에 입학해 대학원 전
액의 장학금을 받게 되었을까? 손자의 바이올린 강습을 위해 직접

운전을 마다하지 않은 교육열이 높으신 할머니, 레슨비를 모아 주었던 작은 시골 마을 주민들, 자신이 쓰던 악기를 선뜻 내어준 교수 등등….

용재 오닐은 말한다. 자신이 지금의 자리에 설 수 있었던 건 혼자 힘이 아닌 주변 사람의 도움과 사랑 때문이라고. 그들이 없었다면 자신은 아무것도 아닌 사람으로 자랐을 거라고. 그는 어느 인터뷰에서나 빼놓지 않고 그들에게 고마움을 말한다. 그들에게 받은 사랑이 하도 커서 어떻게 갚아야 할지 모르겠다며, 그래서 시작한 것도 다문화 가정 자녀들에게 무료로 음악을 가르쳐 주는 일이라고 한다.

세계적으로 이름을 떨치던 한국인, 또는 한국계 음악인이 자신의 천재성과 무용담을 말하는 것을 참 많이 들었다. 그중 주변 사람들에게 받은 도움과 사랑 때문에 지금의 내가 있을 수 있다고 말하는 리처드 용재 오닐이 큰 울림으로 다가오는 건 왜일까? 의례적으로 고마움을 표시하는 것이 아니라 그는 인터뷰할 때마다 은혜를 어떻게 갚아야 하냐며 절절한 눈빛으로 고마움을 표현한다. 그리고는 자신이 그 사랑을 되돌려주는 것밖에 없다고 한다.

누군가의 도움을 받는 것에 익숙하지 못한 사람들이 있다. 대가 없는 사랑에 손사래를 치며 거절하는 사람도 있다. 도움을 줄라치면 불쌍해 보이는 게 싫다며 불편한 기색을 보이기도 한다. 그들은 대부분 남에게 베푸는 것도 서툰 사람들이다. 사랑을 받아 본 사람이 사랑을 줄 수 있다고, 도움도 받아 봐야 남을 도울 수가 있다.

내게 어려움이 닥쳤을 때 누군가의 도움이 얼마나 큰 힘이 되었는지, 세상 혼자뿐이라고 처절한 외로움에 빠졌을 때, 가만히 어깨에 손을 올려주는 손길이 얼마나 따뜻했는지…. 모두 받아 봐야 알 수 있는 것이다. 혼자 극복한다고 모든 걸 거절하고 거부한다면 그 사람은 누구에게도 사랑을 줄 수 없는 사람이 된다.

세상은 절대 혼자서 살 수 없는 곳이라는 것을 요즘에서야 배우고 있다. '난 혼자 여기까지 왔다'라고 철저하게 믿는 사람도 그의 일생에 관한 이야기를 들어보면, 분명 누군가의 도움이 있었을 것이다.

도움받는 것에 자존심을 내세우지 말라. 내가 받는 도움이 또 다른 사랑을 이어주는 단계라 생각하라. 달리기 계주에 없어서는 안 될 바통이라 생각하고, 빈은 사랑을 꽉 쥐고 그저 최선을 다해 열심히 뛴 다음, 또 다른 도움이 필요한 사람에게 넘겨주면 되는 일이다.

06

"사랑해"라는 말을
해보셨나요?

사실 나는 사랑이란 말을 잘 몰랐다.

"사랑해"라는 말도 해본 적이 없었다면 믿겠는가?

그것은 사랑이 뭔지를 잘 몰라서이기도 하지만 사랑이라는 단어가 나와는 참 안 어울린다는 생각에, 쑥스러워서 그 단어를 입으로 말해 본 적이 없는 것이었다.

'사랑과 믿음과 소망 중에 그중에 제일은 사랑이라'라는 찬송가도 사랑이라는 단어에서는 목소리가 작아졌을 만큼 쑥스러웠다.

그런데 어느 날 "사랑해"를 해보았다.

그렇게 말하는 순간 너무 놀라운 감정의 변화가 일어났다.

폭풍 같은 사랑이 솟아났다. 눈물마저 나려고 했다.

사랑한다고 말하면서 더 큰 사랑의 마음이 생겼다.

내가 말하면서 내가 도취되고 심지어는 자주 하게 되면서 말에 책임을 지려 하는 세뇌 효과도 있는 것 같았다.

"사랑해"를 해보라.

연인이든, 부모님께든, 가족에게든….

그 말에 더욱 사랑이 솟아나게 되는 것을 느낄 수 있을 것이다.

인생에서 사랑 빼면 뭐가 특별히 남겠는가?

07

/

소통의
컬래버레이션

우리가 소통해야 하는 진짜 이유는
내가 행복해지기 위해서다. 소통은 불편함을 없애고 관계의 방향
을 넓혀주는 신이다. 하버드 대학교에서 75년 동안 행복에 관해
연구한 결과는 사람과의 관계가 좋으면 행복하다는 것이었다. 이
는 굳이 하버드 대학교에서 연구하지 않아도 알 수 있는 것이다.
우리가 느끼는 불행은 사람과의 관계에서 나오기 때문에, 사람과
의 관계가 좋으면 인간은 행복해진다.

요즘 컬래버레이션Collaboration과 협업이라는 말이 마케팅뿐만

아니라 방송, 광고, 프로그램 등 다양한 현장에서 많이 등장한다. 컬래버레이션은 사전적 의미로는 협업이나 협력, 마케팅의 측면에서는 합작을 말한다. 서로 다른 두 개의 제품이 만나서 '1+1=2'가 아니라 '1+1=3'도 되고 '1+1=5'도 될 수 있도록 시너지를 내기 위한 융합전략인 것이다.

컬래버레이션이라는 말은 그 자체로는 원래 마케팅 용어지만 근본적으로는 소통의 이야기다. 마케팅 전문가들에게 지금까지 역사상 최고의 컬래버레이션이 무엇이라고 생각하는지 물었더니 유비, 관우, 장비의 도원결의桃園結義라고 답했다고 한다. 도원결의는 뜻이 맞은 세 사람이 같은 목적을 이루기 위해 복숭아밭에서 행동을 같이하기로 약속한 것이다. 도원결의로 시작되는 『삼국지三國志』는 수많은 책과 만화, 영화, 드라마 등 다양한 콘텐츠로 만들어지며 사랑받았다. 이렇게 오랫동안 폭넓은 사랑을 받은 이유는 유비와 관우, 장비가 각기 개성이 뚜렷하고 서로가 갖지 못한 장점을 갖고 있어서, 서로 소통함으로써 시너지를 극대화했다는 점이다.

다양한 세품끼리의 컬래버레이션도 이루어지고 있다. 예를 들어 의류 브랜드 행텐과 스타워즈가 손을 잡고 스타워즈 컬렉션을 출시했는데, 스타워즈 스웨트셔츠는 행텐의 모던한 감성과 스타워즈의 위트 있는 무드를 조화시켜 미니 사이즈의 프린팅으로 유니크하게 출시되었다. 여기에 목이나 팔, 허리 부분을 밴딩 처리하면서 스타워즈의 감각적인 레터링과 캐릭터를 포인트로 가미해, 젊은 층과 옛날을 그리워하는 키덜트족에게서 폭넓은 반응을 끌어냈다. 컬래버레이션을 통해 세대 간의 소통을 끌어낸 결과다.

나이키와 애플 역시 뛰면서 즐기는 사람들을 겨냥한 컬래버레이션 제품을 선보였다. 나이키는 스포츠 제품만을 만드는 전통적인 제조업체인데, 애플과 손잡고 나이키 플러스와 퓨얼밴드 등을 출시했다. IT 기업과 제조업체가 손을 잡고 자신의 업역을 넘어서 상대방의 업역을 활용해 시너지 효과를 노린 것이다. 나이키 광고를 보다 보면 애플이 보이고 애플 광고를 보다 보면 나이키가 나오는 것 자체가 소통이다.

예술계에서도 다양한 소통이 일어나고 있다. 우리나라를 대표하는 김덕수 사물놀이패는 다양한 컬래버레이션 공연을 시도하고 있다. 지난 2015년에는 경주 엑스포 공원에서 루체필하모닉 오케스트라와 협연했다. 사물놀이와 오케스트라가 만나 동서양 음악의 환상적인 하모니가 펼쳐진 이 공연에는 2,500여 명의 관객들이 발 디딜 틈 없이 몰려들었다. 이 밖에도 김덕수 사물놀이패는 코리안 팝 오케스트라와의 협연, 서울 페스티벌 오케스트라와의 협연 등 다양한 국내에서의 협연은 물론, 세계 곳곳을 순회하며 각국의 오케스트라와 협연을 펼치고 있다. 서양과 동양의 음악과 춤이 어우러지고 소통하면서 일으키는 공감 효과는 대단해서, 김덕수 사물놀이패가 공연하는 곳마다 K–POP 못지않은 인기를 끌고 있다.

인간관계에서의 소통도 기업 간의 컬래버레이션처럼 필요에 의해서든 그렇지 않든 소극적인 소통보다는 적극적인 소통을 해야하고, 더 나아가 적극적인 소통을 넘어서 창조적 소통의 패러다임으로 바뀌어야 한다. 창조는 새로운 것을 변화시키거나 없는 것을 만들어내는 것이다. 따라서 예전과는 완전히 변화된 모습으로 행동하고, 기득권처럼 가지고 있던 것들을 버리고 빈손으로 접근해야 창조적인 소통이 나온다.

권위를 버리고, 관습을 버리고, 습관을 버리고, 직급을 버리고, 입장까지 다 버리고 새로 만들어야 하는 것이 창조적 소통이다. 예컨대 상대에게 내 입장을 이야기하며 소통하려고 한다면, 그것은 적극적인 소통이지만 창조적인 소통은 아니다. 소위 꼰대 문화를 청산하고, '나 원래 그런 사람이야'를 청산하고, 가지고 있던 사고의 틀과 고정관념에서 깨어나야 한다. 그래야 창조적 소통이라는 패러다임을 만날 수 있다.

창조적 소통의 패러다임을 받아들이지 못하면 불통이 된다. 그리고 그 불통은 생각보다 큰 손실을 주고, 자칫 한 조직이나 기업을 도태시켜버리기도 한다. 도태되지는 않았지만, 삼성전자가 꼰대 문화에서 벗어나지 못하고 있다가 큰 사업 기회를 놓친 일화가 있다. 안드로이드 OS 개발을 총괄하고 있는 구글의 앤디 루빈Andy Rubin 수석부사장은 2004년에 자비를 들여 삼성전자를 방문했다고 한다.

루빈 부사장은 PC와 똑같은 기능을 갖춘 휴대전화용 OS가 필요한 시대가 올 것으로 내다보고 2003년에 벤처기업 안드로이드 사를 세웠다. 뚜렷한 수익원이 없었기 때문에 그는 투자자를 찾아 삼성전자까지 방문한 것이다. 공짜로 OS를 제공하겠다는데도 삼성전자에서는 수익성이 좋은 비즈니스 모델이 이미 있었기 때문에 혁신적인 새 모델 도입을 원치 않았다. 앤디 루빈이 청바지를 입고 당시 이기태 정보통신총괄 사장을 만나기 위해 회의실로 들어가자, 삼성전자는 작은 벤처기업 CEO에 지나지 않았던 앤디 루빈을 무시하는 발언을 했다.

"당신 회사에서는 8명이 일하는군요. 우리는 그보다 대단치 않은 일을 하는 데 2,000명을 투입하고 있습니다."

삼성전자도 안드로이드 시장을 휘어잡을 수 있었는데 꼰대 근성 때문에 변화의 기회를 발로 차버린 셈이다. 세계적인 기업 삼성전자라고 할지라도 내가 가진 관념을 버리지 않으면 절대 창조적 소통을 할 수가 없다. 삼성전자에서 거절당한 안드로이드는 이듬해인 2005년 구글에 인수되었다. 구글은 안드로이드를 인수해서 가장 많이 이용되고 있는 모바일 운영체계로 만들었고, 2011년에는 휴대전화업체인 모토로라를 인수했다. 그리고 2014년에 인수한 딥마인드 테크놀로지는 2016년 봄 세계적인 주목을 받으면서 인공지능 알파고와 이세돌 프로바둑 9단의 바둑대회를 성사시켰다. 그리고 이세돌 9단이 이길 것이라는 예상을 뒤엎고 알파고가 5전 4승으로 승리함으로써 인공지능이 어디까지 왔는지를 많은 사람에게 알려주었다.

소통은 인간관계의 핵심 역량이기 때문에 능력 범주에 들어간다. 그래서 소통력을 키워야 한다. 내가 소통을 이야기하는 것은 내가 소통하지 못해서 실패한 일들이 너무 많기 때문이다. 고백하건대 나는 그동안 소통에 무능했다. 이제는 내 영혼과의 소통을 통해서 내 아이덴티티를 알아야 할 때다. 이것이 소통력이다. 그래야 미래의 내가 과거의 나보다 더 행복해질 수 있다.

08

통장에 100억이 있으면
제일 먼저 뭘 할까?

나는 가끔 '내가 100억을 가지고 있다'
라는 상상을 한다. 100억 원이 있다는 생각에 생각을 더하다 보면
어느새 내가 진짜 부자가 된 듯한 착각에 빠져 바보처럼 기분이 좋
아진다. 너무 기분이 좋은 나머지, 친한 친구 한두 명을 불러 술을
사준다. 그러면 친한 친구들은 무슨 좋은 일 있냐고 계속 물어본
다. 상상으로 부자가 된 건데 어떻게 대답할까? 대답은 안 하고 술
을 사준다. 그리고 진짜 100억 있는 사람들처럼 맛있는 음식을 친
구에게 사준다. 난 그게 참 즐겁다.

그런데 상상을 좀 사실적으로 한다. 100억 원이 내 손에 있다면 무엇부터 할까 고민해보니까, 10억 원 정도 하는 집을 하나 사고, 1년에 5% 정도 배당해주는 주식을 10억 원어치씩 3종목 사서 보유하면 1년에 배당금이 1억 5,000만 원 정도 되고, 세금을 내고 나면 월 1,000만 원 이상은 손에 쥘 수가 있다. 생활하는 데 아무 지장이 없는 것 아닌가? 자, 이렇게 열심히 썼는데도 지금까지 40억 원밖에 쓰지 못했다. 나머지 60억 원으로 뭐하지? 건물 하나 살까? 여기저기 건물값을 알아본다. 또 뭘 할지 고민하다가 그동안 나를 잘 따르고 도와줬던 선후배 5명을 골라 1인당 5억 원씩 준다. 내게 100억이 있는데 나를 믿고 따르고 도와준 고마운 사람에게 5억을 못 주겠는가? 남는 35억 원으로 재단을 만들어보자는 생각도 한다. 보람을 느낄 수 있도록 봉사재단을 만들면 좋을 것 같다. 그런데 가만 생각하니 괜찮고 좋은 집을 사려면 15억 원은 있어야 할 것 같다. 그러면 집값을 5억 원 올리고 30억 원으로 재단을 만들까? 망상에 가까우리만치 이런저런 상상을 하다 보면 신기하게도 기분이 참 좋아진다.

그런데 상상을 열심히 하다 보면 의문점이 생긴다. 100억 원을 어떻게 벌지? 복권으로 벌 수는 없으니, 돈 버는 방법을 연구해보게 된다. 내가 아는 사람 중에서 급여를 저축해서 100억 원을 모은 사람은 한 명도 없다. 대부분은 사업을 하는 사람들이 100억을 갖고 있는데, 그들은 100억을 벌 것이라는 상상을 오래전부터 해왔던 사람들이다. 상상하다 보면 100억을 벌 사람처럼 행동하게 되고, 목표액이 정해졌기 때문에 100억을 벌기 위한 계획을 세우게 된다는 것이다.

그래서 희망적이고 즐거운 상상은 하면 할수록 좋다. 우승하는 프로골퍼들은 라운드 전에 이미지 라운드를 한다. 올림픽 양궁 선수들도 대부분 상상으로 활을 쏘는 연습을 하는데, 바람의 세기나 군중의 야유까지 상상해서 이미지를 만들어가며 연습한 선수가 금메달을 딸 확률이 매우 높다. 나도 골프에서 이미지 스윙으로 68타를 친 적이 있다. 평균 타수가 85타였던 나도 놀랐고 동반하던 사람들도 놀랐다. 나는 이미지 스윙을 본의 아니게 한 10년 정도 했다. 골프 프로그램을 10년 동안 진행하면서 프로들이 치는 샷을 보고 그 스윙에 내 샷을 얹어서 상상했는데, 어느 날 내가 68타를 친 것이다. 즐겁고 좋은 상상은 부정적인 결과보다 긍정적인 결과를 만들어낼 확률이 높다. 반대로 부정적인 상상을 많이 하는 삶은 삶에 어둠이 깃들고 불행이 끊이지 않게 된다. 그러므로 100억이 있다는 상상을 자주 하면 100억을 벌 수 있는 확률이 높아지는 것이다.

물론 허황된 상상일 수도 있다. 세상의 모든 기적은 허황으로부터 시작된다고 해도 과언이 아니다. 내가 아는 100억을 가진 사람들의 대다수는 어릴 적 가난했다. 그들의 공통점은 늘 부자를 상상하고 연습했다는 것이다. 내가 원하는 것이 있다면 그것을 상상하고, 상상하다 보면 내가 무엇을 더 준비해야 하고 무엇을 더 노력해야 하는지를 스스로 알게 되고, 안다는 것은 이미 절반은 성취한 것이다. 그러므로 100억이 있다고 상상해라.

　상상하면 행복해질 것이다. 상상하라. 현실이 될 것이다. 상상은 돈이 들지 않는 유일한 사치다. 사치 좀 부려볼까?

4부

서로
맞춰야
성립되는 것들

> 격이 같은
> 사람도 좋지만,
> 결이 같은
> 사람이 더 좋아.

01

Who, What, Money의
법칙

나는 굿마이크라는 교육 사업을
하면서 같이 꿈을 꿀 동업자나 직원을 만나지 못했다. 그래서인지
아직 큰 성공을 거두지는 못했다. 다행인 것은 지난 8년 동안 적자
없이 운영할 수 있었다는 것이다. 사람들은 강의와 관련된 교육
사업을 하면서 적자 없이 운영하는 것을 보고 대단하다고 한다.
하지만 나 스스로는 갈증이 많이 난다. 성장할 수 있는 것이 눈에
보이는데 성장하지 못하고 맴돌고 있는 것에 대한 갈증이다.

그런 속내를 내비치면 사람들이 나에게 묻는다.

"방송하다가 음식점을 하는 것도 아니고, 방송과는 아무런 연관

이 없는 교육 사업을 하잖아요. 남들이 흔히 성공하는 음식점은 다 망했는데 어떻게 교육 사업은 그렇게 잘 운영하세요? 이렇게 어려운 경제 환경에서 어떻게 손해 안 보고 잘 버티고 있는지 궁금하고, 그 사실만으로도 정말 대단해요."

한번은 후배와 사업을 시작하는 처지에 관해서 이야기하다가 의견이 엇갈려서 한참 동안 언쟁한 적이 있다.

"너는 사업을 하려면 무엇이 필요하다고 생각해?"라고 물었더니 후배는 이렇게 대답했다. "사업은 돈이 있으면 돼. 일단 돈이 있으면 그 돈으로 무엇을 할 수 있는지 알아보고, 그중에서 하고 싶은 것을 찾아 시작하면 돼. 돈이 돈을 버는 거지."

후배는 돈만 있으면 사업할 수 있다는 확신이 있었다. 하지만 몇 번 사업해본 나는 그 후배의 논리에 찬성할 수 없었다. 내가 직접 사업을 해보니까 가장 중요한 것은 누구와 함께 일을 하느냐였다. 함께하는 파트너, 함께하는 동료, 함께하는 직원이 가장 중요하다. 특히 작은 기업일수록 누구랑 하느냐가 중요하다.

그래서 사업을 하는 사람에게 가장 중요하다고 느끼는 것을 순서대로 말하면 Who, What, Money다. 누구랑 하느냐가 가장 중요하고, 무엇을 할 것인가는 그다음 문제다. 금전적인 문제는 정부 지원부터 투자 펀드까지 다양하게 활용하여 해결할 수가 있다. 항상 사람이 중요하다. 무슨 일을 하느냐, 돈은 얼마나 있느냐, 얼마를 투자하느냐, 얼마를 버느냐가 아니라 누구랑 하느냐가 일의 성패에서 가장 중요하다.

그렇다면 어떤 사람과 일할 것인가? 함께 일하는 사람의 조건 중 가장 중요한 것은 열정이 있는가다. 열정이란 어떤 일에 열렬한 애정을 품고 있는 것을 말한다. 남자들이 누군가에게 열렬한 애정을 품고 있을 때 어떻게 하는가? 머릿속이 온통 그녀의 생각으로 가득 차고, 그녀의 생각이 궁금하고, 그녀가 무엇을 좋아하고 무엇을 싫어하는지, 어떤 선물을 주면 좋아할지 모든 관심이 그녀에게 쏠린다. 관심 없는 사람에 대해서는 1년 동안 옆에 있어도 알아내지 못했던 것을 짧은 기간 내에 알아내게 된다.

일할 때도 마찬가지다. 어떤 일에 열정을 가지고 있으면 온통 그 일에 관한 생각으로 몰두하게 되고, 문제점이 있을 때 해결책을 빨리 찾아내게 되고, 모르는 것이 있으면 알아내기 위해서 고군분투하게 된다. 그래서 적어도 열정을 가지고 있는 일에 대해서는 다른 사람보다 빨리 파악할 수 있고, 빨리 전문가가 되며, 일을 더 잘하기 위해 노력하게 된다.

우리 뇌는 신기한 능력이 있다. 우리가 원하는 것이 확실하고 뚜렷하게 그려진다면, 우리 뇌는 그렇게 되도록 잠재력을 끌어낸다. '간절히 원하면 이루어진다.'라는 말은 괜한 말이 아니다. 따라서 간절히 원하는 무언가가 있다면 노력이나 실천 이전에 자신이 간절하게 원하는 것이 무엇인지 뇌가 인식할 수 있도록 머릿속에 확실히 그림을 그려야 한다. 행동으로 옮기는 것보다 자신이 무엇을 원하는지 확실히 하는 것이 선행되어야 한다는 것이다. 그러면 성공에 남보다 한발 먼저 다가서게 된다.

열정이 있는가를 보는 것은 성공하고자 하는 자세를 갖췄는가를 보는 것이다. 일에 대한 애정이 있는 사람은 일 처리를 성의 있게 하는 사람이고, 모르는 것을 알려고 고군분투하는 사람은 그 일에 대해 전문성을 갖게 된다. 같이 일하는 파트너나 직원의 태도와 전문성이 성격이나 취향보다 더 중요하다는 것이다. 전문성이 없다면 스스로 전문성을 기르려고 노력하는 사람이 중요하다. 이런 사람과 일해야 한다. 아이템을 선정하는 문제도 이런 조건을 가진 사람과 의논하면 보다 좋은 아이템을 선택할 수 있다.

같이 일하기 싫은 사람에 대한 설문 조사를 했더니, 상사에게 아부 잘하는 사람, 팀 전체의 공을 자기 것으로 돌리는 사람, 잘 안 씻는 사람 등 성격과 관련된 것이 많았다. 그러다 보니 작은 스타트업 기업을 운영할 때, 평소에 친분이 있거나 성격이 잘 맞는 사람과 같이하려고 하는 경우가 있다. 하지만 자칫하면 서로의 관계까지 망칠 수 있다.

두 사람이 같이 사업을 해서 서로 윈-윈하기 위해서는 열정이 필수 조건이다. 성격은 잘 맞아도 일할 때는 전혀 안 맞을 수 있다. 반면에 평소 성격은 맞지 않지만 일에 대한 궁합은 맞는 사람들이 있다. 어떤 프로젝트를 진행할 때 어떤 사람과 팀이 되는가, 또는 팀장이 어떤 구성원으로 팀을 구성하는가에 따라 일의 진척도나 성공도가 달라진다.

둘이 동업하여 출판유통업을 하는 사람을 알고 있는데, 그 둘은 원래 친한 친구 사이가 아니었다. 같은 회사에 근무하면서 서로 일 처리 히는 능력을 보고 5,000만 원씩 모아서 회사를 설립했다고 한다. 한 사람은 서류를 꼼꼼하게 만들고 정리하는 재주가 있었고, 또 한 사람은 영업을 정말 철저하게 잘했다. 서로에게 둘은 꼭 필요한 파트너가 됐다.

그렇게 두 사람이 의기투합해서 만든 회사는 10년 동안 200배 성장했다. 이 둘이 'Who'다. 이 둘이 합쳐서 만든 출판유통이 'What'이다. 'Money'인 사업 자금은 각자 5,000만 원씩 대출을 받았다. 만일 둘 중 한 사람이 자기 역할을 제대로 하지 못했다면 이 사람들은 성공하지 못했을 것이다.

사업을 처음 시작하면서 구성원을 만들 때는 반드시 파트너 정신이 있는 사람들, 정신이 충만한 사람들, 리더십만큼 팔로우십의 중요성을 아는 사람들과 함께 시작해야 한다.

그런데 나는 아직도 'Who'가 없다. 고군분투하며 열심히 하는 것까지는 나 스스로 생각해도 대견하다. 하지만 자본과 매출이 충분하지 않은 상황에서 거액의 연봉을 주며 밖에서 사람을 끌고 올 수 있는 상태가 못 되니 'Who'도 없고 'Money'도 없는 셈이다. 사업을 시작하려고 하는 사람들은 나와 함께 뜻을 품을 자가 누군지, 그 사람이 구성원이 될 만한 세 가지 조건을 갖췄는지 반드시 점검해야 한다. 그리고 나 자신도 이 세 가지에 부합되어야 한다.

모든 일은 사람이 하는 것이기에 결국에는 사람이 재산이다. 유비가 제갈공명을 얻으려 왜 삼고초려三顧草廬 했겠는가? 돈 때문에 사람을 잃어서는 안 된다. 좋은 사람을 내 편으로 만들고 나를 위해 일하게 만들려면, 반드시 나부터 좋은 사람이 되어야 한다. 주변에 좋은 사람이 있다면 꾸준하게 인간관계를 유지하는 것이 좋다. 지금 당장 그 사람과 같이할 수 있는 일이 없더라도 그 사람을 알고 있다는 것 자체가 큰 도움이 될 수 있다. 좋은 사람을 만나기란 쉽지 않기에 이해관계에 얽혀 다투어서는 안 된다.

02

주소록에 전화번호
몇 개 있으세요?

우리가 평생 한 번이라도
인사를 나누고 알게 되는 사람이 몇 명이나 될까? 개인적으로 잘
알고 지내는 사이뿐만 아니라 일반적으로 사회생활을 하면서 명
함을 주고받고 악수 한 번 하고 휴대폰에 번호가 저장된 사람들을
포함해서 말이다. 45세 기준으로 직장생활을 하는 사람들의 경우
가 약 500명 정도다. 나름 사회활동을 빈번하게 한다고 하는 사람
이 1,500명 정도이고, 오지랖 넓게 여기저기 누비고 다닌 사람이
7,000명 정도라고 한다. 나는 내 휴대폰에 번호가 저장된 사람이
8,000명 정도 된다.

그렇다면 그 전화번호 중에서 우리가 '소통'하는 사람들은 얼마나 될까? 사람들은 상대와 대화를 나누고 상대를 좀 알게 되면 소통했다고 생각한다. 하지만 우리가 상대를 이해했다고 생각하는 순간, 오히려 오해가 시작된다. 자기가 만든 프레임을 통해 상대방을 바라보기 때문이다. 상대에 관해 조금 알게 된 것이 결코 그를 모두 아는 것은 아니며, 상대방과 제대로 소통한 것은 더더욱 아니다. 소통은 대화하고 상대를 아는 데서 끝나는 것이 아니라 상대가 불편하지 않도록 배려까지 해주는 것이다.

보통 사람들에게 "알고 지내는 사이 정도 되는 사람이 몇 명이나 되세요?" 하고 물으면 초등학교 동창, 중학교 동창부터 시작해서 고등학교 동창, 대학교 동창, 직장에서 알게 된 사람, 친척에, 친구들까지 통틀어 말한다. 그중에서 휴대폰에 저장된 사람은 100분의 1 정도다. 그렇다면 아주 단순히 계산해서 휴대폰 전화번호부에 저장된 사람들 숫자의 100배 정도 되는 사람을 알고 지낸다고 보면 된다. 하지만 따져보면 우리의 인간관계는 그보다 훨씬 더 좁다. 자신의 휴대폰에 저장된 사람과 1년 동안 몇 사람에게, 몇 번이나 연락하는가? 물론 하루가 멀다고 연락을 주고받는 사람들도 꽤 있겠지만, 1년 내내 한 번도 연락하지 않는 사람들도 많이 있을 것이다.

나는 1년에 2,000명 정도에게 문자, 전화, 카톡 등으로 연락한다. 이런 이야기를 하는 것은 우리가 각자 알고 지내고, 인지하고 지내는 사람들이 각자 적어도 1,000명은 넘는다는 것이다. 그러나 그렇게 많은 사람과 소통을 다 할 수는 없다. 하지만 자주 만나는 사람이나 자주 만날 수밖에 없는 사람이 보통은 50여 명 안쪽이다. 그런 사람들과의 관계는 단순하게 친하게 지내는 것이 아니라 신뢰를 형성하는 것이 매우 중요하다. 어쩌다 번개로 만나든 만나면 술 마시고 취해서 소통하는 것은 어느 정도 친해질 수는 있으나 신뢰하는 사이는 아닐 수 있다.

1년에 서너 번을 일 관계가 아닌데도 만난다는 것은 일 외적인 또 다른 것이 있다는 것이다. 만날 때마다 술 마시는 자리를 만드는 관계는 신뢰적인 측면에서는 바람직하지 않다.

내 후배 중에 발이 넓기로 소문난 친구가 하나 있는데, 이 친구는 어떤 사람을 대하든 소홀한 법이 없다. 어느 한두 사람과 만나서 저녁을 먹거나 소주를 한잔하더라도 그는 상대방에게 자기를 있는 그대로 보여주려고 노력한다. 가식이 전혀 없이 상대에게 집중하고 정성을 다해 이야기를 나눈다. 그와 대화를 나눠보면 그런 것이 느껴진다. 이 후배는 전국의 다양한 직군의 사람들과 친하게 지내다 보니 몸이 부족할 정도로 너무 바쁘다. 이렇게 바쁜 와중에도 후배는 좋은 인맥을 형성하기 위해 단 하나의 약속도 놓치지 않는다. 하루는 경기도 이천에서 6시에 퇴근해서 7시 반에 서울의 약속 장소에 와서 그때부터 9시 반까지 저녁을 먹고, 다시 기차를 타고 대구로 이동한다. 새벽 일찍 조찬 모임에 가기 위해서다. 이렇게 하루를 보내고 출근하면 힘들어서 회사 일을 잘 못 할 것 같지만 회사 내에서는 철두철미하게 일을 잘해서 사람들이 혀를 내두를 정도다. 이런 스케줄을 소화하면서도 그는 취하도록 술을 마시는 법이 없다.

그런 와중에 주말이 되면 가족과 낚시도 가고, 등산도 가고, 아내의 생일파티도 해주는 등 가족들에게도 최선을 다한다. 그야말로 모든 사람과 화끈하게 소통하는 것이다. 그에게는 이렇게 사람들과 만나서 어울리는 시간이 진심으로 행복하다. 고 한다. 친구들이건 가족들이건 사랑하는 사람들과 함께 밥 먹는 시간이 행복하고, 회사와 가정을 위해서 일하고 잠자는 시간이 행복하고, 친구 · 동료 · 가족 · 지인과 함께하는 시간이 행복하다. 이렇게 매일 바쁘게 돌아가는 일상이 해야 할 의무가 아니라 하루하루를 엮어나가는 일상의 작은 행복인 것이다. 그래서 이런 바쁜 스케줄에도 웃으면서 모든 사람에게 최선을 다해 소통할 수 있다고 한다.

그렇다면 후배는 사람들과 어울리느라고 자기계발을 열심히 못

하지 않았을까? 놀랍게도 그는 그렇게 살면서도 열심히 공부해서 박사학위를 받았다. 이 사람은 공부와도 화끈하게 소통했고, 가족들과도 지인들과도 화끈하게 소통했다. 그래서 신뢰도가 굉장히 높은 것이다. 이 사람은 쓸데없는 말을 하지 않는다. 그를 만나는 사람 대다수가 그의 팬이 된다. 인간적 팬 말이다. 기왕에 할 소통이라면 이렇게 정성을 다해야 내 사람을 얻을 수 있다.

어설프게 소통하면 아무런 의미도 찾을 수 없고 안 하느니만 못하다. 어설프게 소통하면 만사가 귀찮고 어떤 성과도, 성장도 없다. 깊게 소통해야 성과도 있고 성장도 있다. 화끈하게 소통해야 한다. 사람의 만남 자체가 인연이고, 인연은 우연일지라도 관계가 형성되는 데는 노력이 필요한 것이다.

03

1만 달러짜리
청구서

　가끔 나는 '내 가치가 얼마일까'하고 생각해본 적이 있다. 어떤 일을 대하는 나의 집중도와 성실도, 그리고 일을 이루어가는 과정에서의 무소 같은 노력, 대단하진 않아도 그것으로 생겨나는 피 같은 결과물들의 가치는 얼마일까? 우리는 가끔 자기의 가치를 과대평가하기도 하고, 때로는 너무 의기소침해져서 과소평가할 때도 있다. 현대사회에서는 가치를 환산할 때 돈의 단위로 환산한다. 어떤 가치를 이야기하거나 그 가치를 거래할 때 반드시 돈으로 환산하는 것이다.

미국의 유명한 자동차 회사인 포드에 아주 거대한 발전기가 한 대 있었다고 한다. 공장 전체의 동력을 공급하고 있는, 없어서는 안 될 발전기였는데, 어느 날 이 발전기가 갑자기 멈추었다. 공장 내 각각의 기술자들이 다 동원됐지만 헛수고였다. 고장 난 발전기 때문에 공장은 일할 수 없어서 대규모 손실이 발생할 수도 있는 위급한 상황이었다고 한다. 포드는 급하게 발전기 분야의 최고의 기술자인 찰스 스타인메츠Charles Steinmetz를 불러 수리를 맡겼는데, 그가 망치로 몇 번 두들겨 보고 나사를 풀었다 조였다를 몇 번 하고 나니 발전기가 다시 돌기 시작했다.

그리고 며칠 후 찰스 스타인메츠로부터 수리비 청구서가 날아왔는데 금액이 1만 달러였다. 그 당시 1만 달러면 엄청난 돈이었다. 그래서 포드는 "당신이 한 일에 비해 수리비가 너무 많이 청구됐다"라며 "망치로 몇 번 두들긴 게 다인데 너무 비쌉니다"라고 항의했지만, 포드는 찰스 스타인메츠의 상세 청구서 명세를 본 후 아무 말 없이 수리비를 지급했다고 한다. 그 수리비 명세서에는 이렇게 적혀있었다.

발전기를 망치로 누들기면서 일한 공임: 10달러
어디를 두드려야 하는지 알아내는 데 들어간 경험의 기술적 값: 9,990달러

단순하게 수리비를 받은 것이 아니라 능력 비를 가치로 매긴 값이다. 만약 이 분야의 최고 권위자인 찰스 스타인메츠가 아니었다면 발전기는 오랫동안 돌리지 못했을 것이며, 그로 인해 막대한 손실이 생겼을 게 뻔한 것이다.

나의 가치는 얼마일까? 일단 돈으로 환산해보자. 1억을 1년 동안 은행에 넣어둔다면 얼마의 이자를 받을까? 요즘 금리로는 1년에 대략 120만 원 정도 받는다. 120만 원을 12개월로 나누면 10만 원이다. 은행원의 경우 평균 연봉이 7,000만 원 정도라고 하니, 월 580만 원 정도를 받는다.

거기에서 세금과 국민연금, 의료보험, 실업급여, 노인장기요양보험 같은 준조세 21% 정도를 빼면 실질적으로 460만 원 정도를 받는다. 그럼 이 은행원의 경우에는 금융자산으로 비교하자면 46억 원 정도의 현금을 은행에 넣어두는 경우와 같다. 또 일반 직장인이 연봉 3,000만 원을 받는다고 가정하면 대략 2,400만 원을 실수령액으로 받는다. 이것을 12개월로 나누면 200만 원이다. 이렇게 따져서 가치를 매긴다면 당신의 가치는 얼마인가?

월 200만 원을 벌면 사실상 매달 생활비가 부족한 것이 현실이다. 물론 혼자 사는 독신이면 그나마 좀 덜 부족하지 않을지 모르지만, 3인 가족 혹은 4인 가족이 되면 이야기가 많이 달라진다.

수익	200만 원	400만 원	600만 원	1,000만 원
은행 이자와의 비교	20억 원 현금 저축	40억 원 현금 저축	60억 원 현금 저축	100억 원 현금 저축
부동산과의 비교	20억 원짜리 건물	40억 원짜리 건물	60억 원짜리 건물	100억 원짜리 건물

자녀들이 학생이라면 사교육까지 시킬 여력이 없어 아이 얼굴 보기도 민망할지 모른다.

그러나 쫄 것 없이 당당해져야 한다. 200만 원을 버는 사람은 은행에 20억 원을 저축하고 이자 받는 사람과 같은 것이다. 월 1,000만 원 이상을 버는 사업업자라든지 프리랜서 또는 직장인의 경우는 100억 원이라고 하는 어마어마한 돈을 은행에 저축하고 사는 것과 마찬가지이다. 부동산과 비교해도 마찬가지다. 이 넓은 도시에 건물이 많은데 내 앞으로 된 건물 하나 없는 게 대다수의 현실이지만, 내 몸값을 따지면 40억 원짜리 건물 있는 사람보다 더 나을 수 있는 것 아니겠는가?

나는 이런 단순계산 방법으로 자신의 가치를 돈으로 환산하는 것이 어리석은 방법인 줄 안다. 하지만 이런 이야기를 하는 이유는 우리가 너무 돈의 가치를 무시하고 있지는 않은지, 나의 가치를 잊고 사는 것은 아닌지, 우리 스스로가 얼마나 소중한지를 모르고 있지는 않은지를 생각해보기 위해서다.

나는 사람의 가치를 돈으로 환산하는 것에 절대적으로 동의하지는 않는다. 하지만 우리 사회는 사람의 가치를 돈으로 환산하는, 이른바 급여나 연봉으로 그 사람의 가치를 평가하는 경우가 허다하다. 물론 달리 사람의 가치를 환산할 방법이 없는 것도 현실이다.

'법 없이도 살 사람'이라는 말은 너무너무 착한 사람을 두고 하는 말이다. '진짜 좋은 사람'이란 말도 뭔가 다른 형언할 수 없을 만큼 좋은 사람에게 하는 말이다. 이렇게 사람의 가치를 이야기하는 때도 있지만, 그 척도가 어느 정도인지 알지 못하기에 우리는 숫자로 이야기한다. 예를 들어 '키가 엄청나게 커'라는 말은 어느 정도 큰지를 분간하기 어렵기에 우리는 180cm, 175cm, 이런 식으로 숫자로 표기하는 것이다.

기왕에 우리의 가치를 돈으로 환산해야 한다면 자신의 부가가치를 높여야 한다고 말하고 싶다. 그런데 우리 삶의 부가가치를 높이는 방법은 뭐가 있을까? 먼저 부가가치란 무엇인가? 예를 들어 밀가루 100만 원어치를 사서 빵을 만든 후 150만 원에 팔았다면 50만 원이 부가가치인 것이다. 밀가루로 존재하던 때에는 100만 원의 가치만 있었던 것이 빵으로 변해 50만 원의 이익을 낸 것이다. 쇠고기 100만 원어치를 사서 일정 기간 잘 숙성해서 A급으로 만든 후 그램당 단가를 높여 300만 원에 팔았다면 200만 원의 부가가치가 생긴 것이다. 이렇게 부가가치가 많은 것을 고부가가치라고 한다.

이것을 사람에 빗대어보자면 한 개인의 역량 정도에 따라서 부가가치는 달라지는 것이다. 고학력 고소득자뿐 아니라 이른 아침부터 늦은 저녁까지 공사장에서 일하는 사람도 자신만의 부가가치를 높이는 방법은 반드시 있다.

내가 사는 동네의 반찬가게 주인은 30대 초반의 젊은 여자다. 지방대학교를 졸업하고 여기저기 취업의 문을 두드렸으나 녹록지 않자 생뚱맞게 반찬가게를 열었다. 솜씨 좋은 아주머니의 손맛도 아니고 깊이 있는 할머니의 손맛도 아닌 그저 평범한 식당에서 맛볼 수 있는 그런 반찬가게였음에도 불구하고 그 가게에는 늘 손님이 북적거린다.

그 이유를 알고 보니 두 가지였다. 첫 번째는 손님들이 재료를 이용해 반찬을 직접 만들어간다는 것이고, 두 번째는 주인이 항상 웃는다는 것이다. 반찬은 준비된 재료로 손님이 직접 만들어가고, 이 주인은 그냥 환하게 웃어주는 일만 하는 게 아닌가? 나는 그 여주인의 미소를 보고 무릎을 '탁' 쳤다. '아하, 반찬을 파는 게 아니라 손님들에게 환하게 웃어줌으로써 즐거운 마음을 파는 것이었구나.' 그녀는 그 환한 웃음이라는 무기로 사람들에게 즐거운 마음을 얻어주며 부가가치를 극대화하고 있는 것이다. 사람들은 그 반찬가게를 '들어가면 행복해지는 곳'이라 부른다.

내 삶의 부가가치를 높이려면 어떻게 하는 것이 좋을까? 그 방법은 무척 많겠지만 나는 다음 세 가지를 특히 중요하게 생각하고 강조한다.

첫째, 거울을 보라. 얼굴에는 그 사람의 모든 것이 깃들여 있기 때문이다. 나이 40이 넘으면 자신의 얼굴을 책임져야 한다고 한다. 살아온 세월이 얼굴에 그대로 드러나기 때문이다. 자신의 얼굴을 소중히 하지 않고 선크림 한 번 바르지 않고 마사지 한 번 하지 않은 채 버려둔 사람은 거친 피부를 갖게 되고, 늘 조심스럽게 생활하면서 자신의 피부까지 관리할 여유를 갖고 산 사람은 희고 부드럽고 광택이 나는 피부를 갖게 된다. 웃고 사는 사람은 눈가에 자연스러운 주름이 생겨서 인상이 좋지만, 찡그리고 사는 사람은 이마와 미간에 세로 주름이 생겨서 항상 화난 인상을 받게 된다.

둘째, 생각만 하지 말고 행동으로 옮겨라. 생각만 많으면 행동으로 옮기지를 못하기 때문에 일을 이룰 수 없다. 대전에 있는 어느 서점의 이름은 'You are What you read'다. 물론 서점이니까 독서를 강조하기 위해서 이런 이름을 정했겠지만, 내 생각에는 읽는 것이 그 사람이 된다고 보지는 않는다. 그 사람이 아무리 많은 책을 읽어도 책에 대해서 깊이 생각하고, 자신이 생각한 것을 행동으로 옮기지 않는다면 아무것도 달라지지 않는다. 그래서 나는 이 문장을 이렇게 바꾸고 싶다. 'You are What you read & act'라고.

셋째, 사람을 잃지 말라. 신뢰가 전부다. 앞에서 회사를 차릴 때도 돈이나 사업 아이템보다 사람이 더 중요하다고 강조했는데, 경제활동을 제외한 사회생활에서도 사람이 무엇보다 중요하다. 아무리 힘든 상황에서도 사람들은 의지하고 자신의 마음을 붙들어 줄 사람이 필요하다. 몇 달에 한 번씩은 보게 되는 슬픈 뉴스 가운데 하나가, 모르는 사람들이 자살 사이트에서 만나 함께 자살했다는 뉴스다. 사람들은 이렇게 죽음을 앞두고도 혼자 가지 못하고 길동무를 찾는다. 자신이 기쁠 때 진심으로 함께 기뻐하고, 슬픈 일을 당했을 때 진심으로 함께 슬퍼해 주고, 무엇을 할지 당황스러울 때 갈 길을 함께 모색해주는 사람, 그런 사람이 옆에 있어야 한다.

이 외에도 자신만의 부가가치를 높이는 방법은 우리 스스로 잘 알고 있다. 하지만 알고는 있되 행동으로 옮기질 못하는 경우가 허

다해서 늘 제자리 쳇바퀴 도는 것은 아닐까? 사람의 가치를 돈으로 환산할 수는 없다. 그래서도 안 된다. 가치는 움직이는 것이며 사람의 가치는 스스로 만들어가는 것이기에, 우리는 '나의 가치 창조'를 위해서 하루하루 힘듦에도 열심히 살아가는 것 아니겠는가?

04

서로가 서로의
지지대가 되어

내가 설립해서 운영하는
교육과정 중에는 CEO와 각각의 분야의 전문가들이 참여하는 '굿
마이크 LSA'라는 최고위 과정이 있다. 지금 이 시각까지 19기까지
를 배출 하였으니 정말 난관을 나름 많이도 이겨 내며 여기까지 온
것이다. 그런데 유감스럽게도 굿마이크 최고위 과정 7기 때, 갈등
이 생겨 분열이 일어났다. 처음에는 같은 기수의 원우끼리 생겼던
갈등이, 급기야는 굿마이크와 7기 원우들 간의 갈등으로 번졌다.
그것이 나중에는 굿마이크 LSA 7기와 굿마이크 LSA 총동문회와
의 갈등으로 번지고, 해결의 실마리를 찾기보다는 걷잡을 수 없는

오해가 양산되어 결국 돌아오지 않는 강을 건너게 되었다.

그 사건을 겪으며 어떤 사건이 발생하면 남의 말을 전할 때 곧이곧대로 전하지 않는 사람들, 갈등이 생기면 해결하려 하지 않고 오히려 갈등을 부추기는 사람들이 있다는 것을 느끼게 되었다. 이익집단이 아니어도 반드시 그런 사람은 존재한다. 일대일로 만나 보면 다들 너무 좋은 사람들이지만, 여럿이 뭉치다 보면 조금씩 이상해지는 것이다.

싸움 구경은 돈 주고도 못하는 귀한 것이라서 그런 걸까? 싸움이나 갈등이 있을 때, 보는 사람이 없으면 당사자들도 싸우다가 마는 경우가 많다. 그런데 지켜보는 사람이 많아지면 자존심 문제가 추가되어 양보나 이해보다는 더 심하게 싸우기도 한다. 지거나 밀리면 쪽팔린다든지, 너만은 내가 꼭 이겨주겠다든지 하는 심리가 작용하는 것이다. 그래서인지는 몰라도 처음에는 그다지 대수롭지 않았던 갈등이 굿마이크 LSA의 존폐의 문제로까지 대두될 정도로 심각한 상황이 되었다. 사회심리학적으로 본다면 군중심리, 책임분산, 무관심, 이 세 가지가 겹쳐져서 생긴 비운의 결과였다.

1기부터 6기까지 각 기수의 회장들과 원우들이 굿마이크를 많이 지지해주고 응원해주고 힘을 실어주었다. 그런데 7기에서 이런 일이 벌어지고 나자, 사분오열되어 서로의 주장들이 다 다르고, 삼삼오오 짝지어 편이 생기고, 앞과 뒤에서 하는 말이 다른 것이다. 그동안 나를 지지해주었던 많은 분도 지지에서 원망하는 마음으로 변질되어가고 있었다.

중간에 한 번 삐끗하게 된 7기의 사건 때문에 8기와 9기 원우를 모집하는 데 너무 힘이 들었다. 개인적으로 내가 힘든 건 문제가 아니었다. 어렵게 만들어 오던 최고위 과정이 어쩌면 별것도 아닌 미묘한 개인의 감정 때문에 존폐 자체가 흔들리게 된 것이 문제였다.

어느 날 문득 나를 응원하고 지지했던 사람들이 정말 나를 지지하고 응원했던 것인가를 고민하기 시작했다. 어쩌면 그들은 그들을 응원하고 그들을 지지한 것이었다. 내가 교육과정을 만들어 좋은 사람들을 모아놓고 그들에게 모임을 만들어주면서 동지의 지지적 관계를 만들어준 것이다. 그런데 사분오열되니까 1기부터 7기까지 모두 나를 지지하지 않는다고 생각되었고, 가만히 있는 사람들은 방관만 하고 있다고 생각되었다.

그런데 그 와중에도 문자로 힘내라고 응원해주고, 전화를 걸어 긍정적인 충고도 해주는 분들이 있었다.

"원장님, 원장님은 굿마이크 LSA의 존재 이유입니다. 흐트러지지 마세요. 힘내세요."

"아파하지 마세요. 무조건 응원 드릴게요."

"앞으로 좋은 분들 많이 추천하겠습니다."

나는 이 말들을 지금도 잊지 못한다. 한참 힘이 들고 버거울 때 이 말들은 정말 힘이 되었다. 돌이켜보면 누가 누군가를 지지한다는 것은, 그리고 그런 관계를 형성한다는 것은 그 어떤 경우라도 '나의 주장'을 많이 내려놔야 가능한 일이었다.

나에게 응원을 보내 준 사람들을 보면서, 지지적 관계의 사람은 많으면 많을수록 좋겠다는 생각이 들었다. 지지적 관계의 사람들이 많으면, 아무리 어렵고 힘든 위기에서도 넘어지지 않고 다시 일어설 수 있다. 지겟작대기가 있다. A자형으로 생긴, 짐을 싣는 본체를 넘어지지 않게 지탱해주는 Y자 형태의 긴 나무이다. 지게에 짐을 싣기 위해서는 버팀목인 지겟작대기가 필요하다. 살아가는 것이 힘에 부칠 때 지겟작대기처럼 지탱해주는 조력이 있다면 얼마나 든든하겠는가?

다른 사람이 나에게 지겟작대기, 즉 지지적 관계가 되어주는 것도 중요하지만, 나도 누군가에게 지겟작대기가 되어야 한다. 잘못된 것을 지적하는 사람들은 너무나 많다. 그리고 굳이 내가 지적하지 않아도 당사자는 이미 많은 지적을 스스로 할 것이다. 힘들어하는 벗이 있을 때 방관하거나 혹은 그를 흉본 경험이 있는가? 그럴 때는 방관하거나 흉을 보기보다 그를 위해서 무엇이든 도움이 되려고 노력을 해야 한다. 기왕에 지겟작대기의 역할을 자처한다면 화끈하게 하는 것이 좋다. 반드시 다시 내게 돌아온다.

나는 어느새 굿마이크 LSA라는 최고위 과정을 19기까지 원우분들을 배출하게 되었다.

모두가 나의 능력이 아니라 함께 해주신 분들의 힘인 것이다.

05

'장점' 먼저
말하라

심리학의 용어 중에 '초두효과primacy effect'란 용어가 있다. 먼저 제시된 정보가 나중에 들어온 정보보다 더욱 강력한 영향을 끼치는 현상을 이르는 말이다. 첫인상이 중요함을 알려주는 용어이기도 하다. 이는 대화의 기술에도 필요한 요소이다.

사람은 누구나 장단점이 존재하고, 어떤 결과물에 관해 이야기할 때도 잘한 점과 못한 점이 공존한다. 두 사람이 똑같이 장단점, 잘한 점과 못한 점을 이야기하는데, 듣는 사람 처지에서는 확연한 기분 차이를 느끼게 된다.

"너는 이런 점이 아주 좋은데, 그 점은 아주 별로야."
"너는 이런 성격이 참 별로인데, 이 부분은 아주 마음에 들어."

똑같이 장단점을 지적하는 말인데, 먼저 말한 칭찬의 정보가 상대방에겐 더 각인될 수 있다는 것이다. 먼저 기분 나쁜 이야기를 좔좔 꺼내다 보면 듣는 사람은 이미 감정이 상할 대로 상한 상태이기 때문에 그다음에 들려오는 칭찬은 귀담아듣지 못하는 법이다.

"당신은 아주 지저분하고, 덤벙대고, 부산스러운 사람이다. 그런데 참 잘생겼어요."
"당신은 참 잘생겼는데, 조금만 깨끗하고 침착하고 신중하면 더욱 돋보일 거예요."

같은 칭찬과 지적이지만 먼저 호감 가는 말로 상대방 마음을 부럽게 만들어 놓고, 그다음에 고칠 점을 지적하면 그 사람의 마음은 경계를 풀고 지적도 진심으로 받아들이는 효과가 있다. 말 잘하는 법, 대화의 기술, 연인과의 대화, 이성과의 대화 등 많은 비법의 책이 있지만 가장 기본적인 대화의 기법은 먼저 상대방의 마음을 열어 놓아야 비책이든 묘책을 쓸 수 있는 것이다.

여기서 또 한 가지 사실! 같은 지적도 누가 하느냐에 따라 참 다르게 다가오는 법이다. 만약 지각을 밥 먹듯이 하는 사람이 어쩌다 늦은 동료에게 이렇게 말했다고 가정해 보자.

"일찍 일찍 좀 다녀라. 회사가 학교냐?"

이런 충고를 듣는 사람은 분명, "아이고. 너나 잘하세요." 하는 소리가 절로 나올 것이다. 자녀의 책상이 난지도 저리 가라 하듯 지저분한 모습을 보고 잔소리를 늘어놓는 엄마! 정작 엄마의 화장대가 자녀 못지않게 지저분하다면 자녀로서는 엄마 닮아 그런다는 핑계를 대지 않을까?

미성년자인 아들이 담배 피우는 것을 본 아버지가 당장 끊으라고 노발대발하지만, 정작 그 아버지는 10년째 새해 계획이 금연이요, 작심삼일로 끊지 못하는 모습을 보였다면 아들로선 어떨까? 물론 '넌 학생, 난 어른'이라고 우길 수도 있지만, 어른도 끊기 힘든 것임을 고려할 때 "무조건 끊어."본다는 "어른인 나도 이렇게 힘들다. 그러니 배우지 않는 것이 좋겠다." 이렇게 다른 점을 부각해 설득시키는 것이 훨씬 좋을 것이다. 직장에서도 마찬가지이다. 같은 지적이라도 모범적인 상사와 제멋대로인 상사의 파급력은 확연히 다르다.

자, 그래서 지적할 일이 있을 때는 두 가지를 기억해야 한다.

첫 번째, 먼저 칭찬으로 상대방의 마음을 열고 단점을 말하자.

두 번째, '너나 잘하세요.' 소리를 듣지 않도록 나부터 잘하자.

'자신은 엉망이면서 어따 대구 지적질이야?'라는 소리 듣지 않도록 웬만해선 지적질을 하지 않는 것이 최고이긴 하다.

'초두효과'는 대화나 말뿐만 아니라 인간관계에서 매우 중요하다. 그러므로 첫인상을 좋게 남길 수 있다면 조금 낯간지럽고 불편하더라도 최선을 다해야 하는 게 맞다. 안 그러면 그다음 기회는 또 없을 가능성이 크기 때문이다.

타인에 대한 첫인상은 나도 모르는 사이에 즉각적으로 형성된다. 그것은 내가 살아오면서 과거의 경험을 조합하여 만들어 놓은 무의식 정보체계 때문이다. 우리 뇌는 여러 가지 현상을 단순화하는 것을 좋아한다. '좋다, 나쁘다, 따듯하다, 차갑다, 가능하다, 불가능하다, 된다, 안 된다.'처럼 이른바 단순한 것을 좋아한다. 예를 들어 일단, '좋은 것'이란 직감이 와 닿으면 사람이든 일이든 호감을 느끼고 탐색하게 되고 '나쁜 것'이란 직감이 와 닿으면 관심과 흥미를 끊는다. 그래서 일에서도 성공하고 싶고, 관계에서도 성공하고 싶다면 제일 먼저 신경 써야 하는 것이 첫인상이다.

성공하고자 하는 사람은 첫 만남에서 외부뿐 아니라, 말과 행동에 대해서도 의식적으로 긍정적인 이미지를 줄 수 있도록 최선을 다해 보여줘야 한다. 평상시에 노력하는 것도 중요하지만, 첫인상에서 만들어진 이미지는 결코 쉽게 바뀌지 않기 때문에 '초두효과'를 지혜롭게 잘 활용하기 바란다.

나는 사업을 시작하고 나서 사람을 처음 만날 때에는 늘 정장 윗옷을 입고 정시에 시간을 맞춰 약속 장소에 도착한다. 정장 윗옷은 정갈한 이미지와 예의를 갖추는 자세를 보이기 위함이요, 시간을 정확하게 맞추는 것은 일을 정확하게 잘할 것이라는 인상을 주기 위해서다.

초두효과를 믿는다면 첫인상에 투자하자. 첫인상을 잘 만들기 위해 투자하는 것은 가식이나 위장이 아니라 나를 좋게 기억할 수 있도록 애쓰는 태도의 문제인 것이다. 초두효과를 잘 활용하면 후광효과도 누릴 수 있다. 이것이 내가 늘 주장하는 '자신에게 기회를 주는 행동'이다.

06
속도와 온도 차를 맞춰야
사랑은 성립된다

사랑하게 되면 혼자서 올인했다가,

"내 시간과 영혼을 털어서 정성을 다했는데!" 하면서

상대에게 답을 바라고

시작이 있으면 과정을 기다려줘야 하는데

혼자만 끝까지 달려가 선택을 강요하니까.

호감을 느끼고 있던 상대도,

표현을 위해 용기가 필요하던 상대도,

너와의 속도 차 때문에

결국엔 네가 원하지 않는 대답을 하게 되는 거.
그게 이루어지지 않는 사랑이리라.

혼자 잘해줬다고 서운해하지 말아야 한다.
상대는 잘해 달라고 한 적 없었고, 배려해 달라고 한 적 없었다.
혼자만 열과 성을 다했으나 상대는 아직
너의 속도를 쫓아오지 못한다.
그것이 온도 차라면 온도 차라는 것을…

나는 전속력으로 상대에게 달려갔는데
상대는 이제야 신발 끈을 묶고 준비운동을 한 뒤
출발하려던 참이다.

땀을 뻘뻘 흘리며 이미 도착한 내가
"너 여태 여기서 뭐해?" 화를 내면
상대는 첫 발자국을 떼기도 전에 그냥 주저앉아 버린다.
나에게 다가올 기회를 뺏은 건 아닐까?

내가 한발 다가서고, 상대가 한발 다가올 때까지 기다렸다가
내가 또 두 발을 다가서고, 상대가 오기를 기다렸다면…

천천히, 천천히 상대의 속도에 맞췄더라면
우리는 중간 어느 지점에선가 만났을 텐데…
혼자만 달려가 다그쳤더니 사랑은 그냥 뒤돌아 가버렸다.

누군가를 아주 열렬히 짝사랑하던 후배에게 내가 보내 준 글이다.

짝사랑은 참 힘이 드는 일이다. 돌이켜 보면 나 역시 마찬가지였다. 나는 어떤 사랑을 했었나? 내가 사랑을 하게 되면 이렇게 혼자서 열과 성의를 다했고 그러다가 이내 곧 나 혼자 스스로 상처를 받고 또 혼자 포기를 하는 경우가 있었다.

남자가 사랑에 빠지면 자신도 모르게 우러나오는 행동이 있는데 이런 행동을 보이면 아… 이 사람이 나를 좋아하는구나? 라고 생각해도 큰 문제는 없을 것이다.

- 여자가 약속 시각에 늦거나 약속을 바꿔도 화를 내지 않는다.
- 우연을 가장해서 자꾸 인연을 만들려 한다.
- 가장 친한 친구에게 여자를 보여주려고 한다.
- 여자에게 반지나 목걸이를 사주고 싶어 한다.
- 여자의 얼굴과 어깨를 만지는 스킨십을 하고 싶어 한다.

- 여자에 대해서 더 많은 것을 알고 싶어 한다.
- 여자의 가족을 만나고 싶어 한다.
- 바쁘다고 말하면서도 여자가 만나자고 하면 무조건 시간을 낸다.

이런 여러 가지 증상은 사랑하게 되면 숨길 수 없도록 티가 나게 되어 있고, 그래서 사랑과 가난과 기침은 숨긴다고 숨겨도 숨겨지지 않는다고 하지 않는가?

나에게 연애를 상담해주던 친구들은 "네가 진짜 사랑한다면 여자에게 너무 잘 해주지 마라"고들 충고를 한 적이 있었다.

여자로서(남자로서도 마찬가지) 네가 좋아하는 감정을 보이는 순간 그 여자는 너를 저축해 두고 다른 남자에게 관심을 둔다는 것이다.

너에게는 노력하지 않아도 너는 이미 자기를 사랑하기 때문에 굳이 너를 배려하지 않는다는 것이다. 너를 배려할 시간에 그동안 자신에게 퉁명스럽게 굴었거나, 본인이 마음에 두고 있는 남성에게 더 잘하리라는 것이다.

나는 이런 충고에 일정 부분 동의를 한다. 그런데 나는 그런 것이 잘 안 된다. 솔직한 것이 최고의 미덕인 양 내 감정을 숨기지 않았다. 아마도 내 감정에 내가 혼자 속도를 내고 온도를 못 맞춘 경우가 많아서 늘 이뤄지지 않았나 보다. 그런데 나처럼 이렇게 을의 연애를 하는 경우와 반대로 갑의 연애를 하는 경우가 있는데 오히려 마음 앓이 하지 않는 사랑으로는 성공? 적일 수 있는 연애가 있다.

연애를 시작했다고 생각은 하는데 상대방의 행동은
만나면 매번 피곤하다고 하고,
지인을 만나러 가면 연락이 안 되고,
카톡은 되는데 전화는 안 되고,
말만 잘하고 행동은 변하지 않고,
나보다 술을 더 좋아하고
나보다 지인을 더 좋아하는 그 사람.

이 얼마나 마음 편한 사랑인가?
어쩌면 이런 사람은 연애를 하는 것이 아닐지도 모른다. 연애라기보다 어느 한쪽의 일방적인 짝사랑일 수 있다. 그리고 이런 식의 진도가 나가는 짝사랑이 서로의 사랑으로 이뤄지는 것은 매우 불가능하다. 어쩌면 이래서 어느 한쪽이 사랑 때문에 힘들다고들 한다.

　사랑한다면 솔직하고 성의를 다하고 배려를 다 하는 그런 사랑이 좋다. 머리를 쓰고 밀당을 하고 상대를 애타게 하면서 사랑을 하는 것은 피곤한 일이다. 혼자서 속도를 내고 막 달려나가기보다 상대의 속도를 맞추어주고, 나는 너를 이만큼 사랑했는데 너는 왜 이렇게 안 하니? 라기보다 그와 온도를 맞추고 기다릴 줄 알아야 사랑은 이루어진다.

　사랑은 그렇게 아주 소중하게 만들어지는 것이다.

07

I HAVE A
DREAM

　　　　　　　　"어떻게 살 것인가?"라는
화두가 유행한 적이 있다.

　나 역시 몇 년 동안 이 질문을 나의 고민 1순위에 올려놓았다.
그러나 "어떻게 살면 좋을까? 어떻게 살아야 할까?"를 수백 번 되
뇌어 봤지만 "그래! 이렇게 살자!"라는 시원한 결론을 내리지 못한
채 지금도 하루하루를 살아가고 있다.

　그러던 어느 날 지인의 카톡 상태 메시지에 "나는 꿈이 뭐지? 너
는 꿈이 뭐니?"라는 글이 적혀있는 것을 보았다. 지인에게 왜 그런

글을 올렸냐고 물으니, 누군가 자신에게 꿈이 뭐냐는 질문을 했는데 떠오르는 꿈이 없어서 그런 글을 적었다는 것이다. 물론 그 지인에게 꿈이 없지는 않을 것이다. 자신만의 계획도 있고, 목표도 있겠지만 40대 중반 전문직 여성이라는 사회적 위치가 있기에 그것을 굳이 "꿈"이라고 표현하기가 낯간지러웠기 때문일 것이다.

생각해보면 나도 나이가 들면서 꿈에 대해 점점 생각하지 않게 되었다. 현실과 타협하면서 꿈보다는 당장 삶에 집중하느라 그랬던 것 같다. 그런데 얼마 후 이 지인의 카톡 대문 글에 이런 글이 쓰여 있는 걸 보았다.

"I have a dream."

뭐지? 그 짧은 사이에 꿈을 찾았나? 고작 며칠 고민하고 꿈을 결정했다고? 그럴 리가….

아마 지인의 꿈은 크고 원대한 꿈이라기보다는 자신 앞에 직면한 문제를 해결하고자 하거나, 소소한 기쁨을 얻는 게 아니었을까? 나이가 들면 새로운 일을 꿈꾸기보다는 지금 하는 일이 안정을 찾길 바라는 마음이 생기곤 하니까. 마틴 루터 킹 목사가 인류 모두가 평등한 삶을 꿈꾼다며 I have a dream이라고 말했듯, 우리는 평범한 삶을 꿈꾸며 I have a dream이라고 말한다. 어쩌면 나이가 들면서 꿈이라는 단어를 말할 수 있다는 것 자체만으로도 꿈만 같다는 생각이 든다.

  그 글귀를 보고 나도 새삼 내 꿈에 대해 다시 생각했다. 나는 특별한 삶보다는 그저 평범한 일상을 꿈꾼다.

  ✓ 수입 일부를 떼어 해외여행 다녀오기.
  ✓ 사랑하는 사람과 주말이면 가까운 공원에 산책가기
  ✓ 가까운 지인들과 담소하며 치맥 즐기기.
  ✓ 도란도란 삶의 소소한 대화를 나눌 사람을 만나기.
  ✓ 나를 위해 주는 누군가와 사소한 일상을 공유하기.
  ✓ 내가 사랑하는 사람이 나를 사랑해 주는 일이 생기기.
  ✓ 좋은 사람들과 가까운 이웃으로 살아가기.
  ✓ 누군가를 도와줄 수 있는 여유를 갖게 되기.
  ✓ 아무것도 하지 않아도 아무 일도 일어나지 않는 평온을 찾기.

08

자기 통제 후
얻어지는 것들

　　　　　　　　　　　　정부 산하 단체에서 일하는
지인 중에 독특한 술자리 습관을 지닌 사람이 한 명 있다. 워낙 회
식이 많은 직종이라 거의 매일 저녁 동료들이나 관계자들과 술자
리를 가지곤 했다. 그런데 그분은 1차가 끝나고 9시가 되면 바로
일어나서 귀가했다. 주변에서 아무리 조금만 더 마시고 가자고 붙
잡아도 예의 바르고 단호하게 거절한 후 집으로 돌아간다. 알다시
피 술자리란 게 조금 더, 조금만 더 하다 보면 길어지기도 하고, 술
에 취하면 평소보다 판단력이 흐려져 오래 앉아있게 되는데 그분
은 절대로 그런 법이 없다. 그래서 처음엔 다른 사람들이 그분을

오해하기도 했단다. 사람들과 좋은 관계를 맺을 생각이 없는 건 아닐까? 동료들을 싫어하나? 혹시 사회 부적응자 아니야? 그러나 일 처리 면에서나 업무상 관계에 있어서나 문제없이 처리하다 보니 사람들은 점차 "아, 그분은 원래 그런 캐릭터야."하고 말하게 되었다.

그분이 그렇게 철저하게 9시마다 술자리를 뜬 이유는 간단했다.

첫째, 본인이 흐트러지는 모습을 보이지 않기 위해서였고,

둘째, 술에 취한 자신의 모습이 다른 사람 입에 오르내리지 않게 하기 위해서였고,

셋째, 귀가 후 남은 시간에 책을 보거나 영어공부를 하는 등 자기계발을 하기 위해서였다.

그런 그분도 사회 초년생 시절에는 먼저 자리를 뜨는 것이 실례 같아 2차, 3차까지 억지로 남는 적이 있었단다. 그리고 퇴근 시간이 되면 술을 마시고 싶어 괜히 휴대폰 연락처를 뒤적이기도 했고, 술에 취해 허언하는 등 실수도 했단다.

그러다 언제부터인가 "아, 이제 더는 나를 통제하지 못할 만큼 취하면 안 되겠다."라는 생각이 들었고, 술이 더 마시고 싶어져도 시간이 되면 단호하게 자리에서 일어났다. 그런데 그러다 보니 자

기 자신이 변화하는 놀라운 모습이 찾아왔다.

직장 동료부터 외부 관계자들까지 그분을 가리켜 "자기관리가 아주 철저한 분"이라고 말하면서, 함께 술자리를 가져도 9시가 되면 "9시인데 먼저 가세요."하고 챙겨주더라는 것이다. 그리고 직장에서 업무 처리를 하거나, 외부에 중요한 도움을 요청할 때도 신뢰하고 적극적으로 도움을 준 덕에 일 처리가 빨라져 진급도 빨라졌다.

이분의 지론에 나는 동의 한다. 술 마시고 취하하면서 친해지는 관계가 신뢰적인 측면에서는 마이너스 요인으로 작용할 수 있지만, 더 중요한 것은 9시에 일어나서 가는 것으로서 본인을 신뢰하는 사람들이 더 많아지더라는 것이다.

결국, 자기를 통제하다 보면 타인으로부터 신뢰를 받게 된다. 자기 자신에게 철저한 사람이라면 실수도 적을 것 같다는 믿음, 다른 일도 허투루 하지 않을 거라는 믿음이 다른 사람들의 머릿속에 깃든다. 신뢰라는 것은 "날 믿어!", "왜 날 못 믿어?"라고 백날 말해봐야 생기지 않는다. 대신 다른 사람이 자신을 믿게끔 행동해야만 생겨난다.

09

마음에 담아두지 말고
표현하자

'도장 깨기'라는 말이 있다. 무술의 고수 최 배달본명 최영의이 16살 때 일본으로 가서 가라데 무술을 연마할 때, 어느 정도 실력에 이르자 일본 각 지역에 있는 최고의 무도 도장을 찾아가서 고수와 한 판 붙자고 청하고 대련을 했다. 그 도장의 고수와 싸워서 이기면 그 도장은 격파된 것이다. 이 것이 '도장 깨기'다 한 사람 한 사람 꺾고 다니는 것이다. 도장 깨기를 할 때는 극진한 예의를 갖추고 '한 수 배우겠습니다'라고 대련을 청한다.

그는 결국 일본에서 무술로 최고수가 되었으며, 1948년에는 전

일본 가라테 선수권대회에서 우승해서 큰 인기를 끌었다. 최영의의 일본 이름은 '대산배달大山培達'로, '대산大山'은 성인 '최崔'의 파자破子, 한자의 자획을 풀어 나눔이고, 한국인임을 잊지 않기 위해서 이름을 배달培達로 했다고 한다. 만화가 방학기가 그의 일대기를 그린 장편 무도극화 『바람의 파이터』는 〈스포츠서울〉에 1989년부터 1993년까지 연재되어 그야말로 선풍적인 인기를 끌었다. 연재 당시 1일 신문 판매량이 무려 100만 부에 이르렀다 하니 그 인기를 짐작할 수 있을 것이다.

인기 예능 프로그램인 〈복면가왕〉도 일종의 도장 깨기다. 복면을 쓴 사람들끼리 노래로 대결하고, 이긴 쪽은 그대로 남고 진 쪽은 가면을 벗고 무대에서 사라진다. 이긴 사람들끼리는 또 노래 대결을 해서 표를 더 많이 받은 사람이 살아남아 복면가왕이 된다. 이 복면가왕에게는 매주 새로운 노래 고수들이 도전한다. 고수가 있으면 그 고수를 깨러 누군가가 온다. 물론 〈복면가왕〉은 눈에 보이는 이미지를 제외하고 음악만으로 실력을 겨뤄보겠다는 콘셉트이지만, 그 형식은 노래 고수에게 또 다른 고수가 도전하는 것이다. 그래서 나는 이 프로그램을 긍정적인 도장 깨기라고 본다.

최배달의 도장 깨기, 복면가왕의 도장 깨기처럼 나는 연말이 되면 감사 깨기를 한다. 12월이 되면 지난 1년 동안 고마웠던 사람들에게 전화해서 식사 한번 하자고 요청한다. 함께 식사하면서 지난 1년 동안 고마웠다며 감사의 인사를 하는 것이다. 나는 그것을 개인적으로 감사 깨기라고 부른다.

나는 방송만 24~25년을 하다가 인생 2모작을 열심히 살아보겠다고 잘하지도 못하는 교육 사업을 하고 있다. 그런데 감사하게도 누군가 끊임없이 나의 강연을 들으러 오고, 나에게 강연 요청을 하여, 4년이 넘도록 망하지 않고 사업을 운영해오고 있다. 그러니 매일매일 어느 누군가에게 신세를 지고 있다는 생각이 들었다. 그래서 시작한 것이 바로 이 감사 깨기다. 해마다 12월이 되면 나는 점심과 저녁 약속으로 스케줄이 꽉 차 있다. 이 사실이 참 많이 고맙다. 고마운 사람이 그만큼 많기 때문이다. 개인적으로 돈을 벌 수 있는 이벤트 행사에 출연할 수 없을 만큼, 감사 인사를 드리는 일정으로 빼곡하게 바쁘다. 행사해서 돈을 버는 대신 내가 식사 대접을 하면서 돈을 쓰는 것이지만, 나는 감사 깨기를 하는 것이 행사에서 돈을 버는 것보다 훨씬 더 행복하고 기쁘다. 고마운 분에게 식사 대접을 하면서 "이렇게 도와주셔서 고맙습니다" 하고 인사를 드리면, 정말 신기한 일이 일어난다. 이분들이 오히려 나를 위해 더 해줄 것은 없는지, 더 도와줄 것이 없는지를 스스로 찾는다는 것이다. 아마도 '표영호는 고마움을 아는 사람이구나'라고 인식하게 되는 것 같다.

함께 일하는 와중에 상대방이 서운함을 느꼈다면, 나는 그 서운함에 대해 사과도 한다. 혹시 내가 나도 인지하지 못하는 사이에 습관적으로 실수를 했거나, 잘못된 태도를 지니고 있었거나, 잘못한 것이 있었으면 용서해달라고 사과하는 것이다. 사과하면 설령 내게 서운함이 있었다고 하더라도 금세 서운함을 잊어주는 것 같다. 사과는 나에게는 보이지 않았던 외부의 적으로부터 나를 막아주기까지 하는 완벽한 아군이 된다. 그래서 모든 소통은 고마움의 표현, 잘못의 인정, 실수의 인정과 사과로부터 시작한다고 해도 과언은 아니다. 감사와 사과로부터 시작하는 것이다.

해마다 어느 시기가 되면 서로를 알고자 하는 250명 정도의 사람들이 모여 '굿마이크 소통파티'를 하는데, 파티를 준비하면서 이 분들에게 뭔가 의미 있는 선물을 주고 싶었다. 고심 끝에 사람들에게 준 선물은 '소통 사과'였다. 굿마이크 직원의 아버님께서 협찬해주신 사과를 하나하나 포장해서 '소통의 시작은 사과를 나누는 일부터'라는 문구를 넣어서 준비했다. 이 사과를 처음에는 참가자분들에게 선물로 주려고 했는데, 사람들이 소통 사과를 공짜로 받는 것보다 대가를 주고받아야 의미가 있겠다고 해서 가격을 만 원으로 책정했다. 한 개에 만 원씩에 사서 다른 사람들에게 선물로 주고 싶다는 것이었다.

신기하게도 파티에 참여한 사람들이 소통 사과를 서로 가지려고 아우성을 쳤다. 파티 후기에는 그동안 잘해주지 못한 걸 사과한다며 아내에게 사과를 건넸는데 아내가 눈물을 흘렸다는 글이 올라왔다. "앞으로는 소홀하지 않고 더 잘할게" 하면서 사과를 줬더니 감동의 눈물을 흘리더라는 것이다. 이렇게 마음을 통하게 한 사과가 소통인 것이었다. 우리나라 사람들은 고맙다는 인사도 잘못하고 사과는 특히 더 못한다. 잘못한 것을 몰라서가 아니라 쑥스러워서 못하는 사람들이 많다.

한 분 한 분 식사를 하면서 감사와 사과의 인사를 하고 나면, 왠지 1년 동안 묵었던 찜찜함에서 벗어난다. 왠지 만나는 사람마다 내 편인 것 같은, 삶의 자신감이 생긴다. 이 책을 읽는 독자들도 조금 감사해도 크게 감사를 드리고, 조금 미안해도 성실하게 진심으로 사과하는 그런 마음을 가지면 좋겠다. 내가 남에게 무엇인가를 받으려고 생각하면 세상은 각박하지만, 나도 다른 사람에게 무엇인가 주려고 생각하면 세상은 참으로 살 만한 곳이 된다.

에필로그

이른 아침,

아파트 발코니의 블라인드를 걷었을 때

날씨가 맑고 화창하면 반가운 손님이라도 온 듯

절로 마음이 설렌다.

어떤 이를 만났을 때 나도 그렇게 화창한 사람이고 싶다.

이리 뛰고 저리 뛰며 억척을 부리고 살아도 뭐 하나

특별하게 나아지는 것 없다.

늘 제자리에서 쳇바퀴 돌아가는 듯 뻐근한 일상을 보내다 보면

'아, 내가 지금 무엇을 하고 있지?'라는 질문을 던지게 된다.

비록 답이 없는 질문이지만 나이 한 살을 더 먹으면

나잇값을 하듯이 눈에 띄지는 않지만

조금씩 성장했으리라 믿는다.
그 변화가 훗날 내 인생이 돼 있으리.

언젠가 사랑하는 그 누군가가 나에게 했던 말이 떠오른다.
"늘 조금씩 조금씩 본인을 만들어가는 모습이 보여서
참 멋져서 좋다"
나는 그 말에 춤을 추었다.

그래 인생이 언제는 뭐 답이 있었나?
열심히 살다 보면 안 보이던 답도 보이고 길도 보이는 것이다.
나는 그렇게 살아왔다고 자부한다.

누군가 내게 이런 말을 한 적이 있다.
"책 쓰고 맨날 슬프다고 하고
스토리 만들고 창의적이고 무언가 자꾸 발굴하고 만들고
이런 문과적인 감수성이 풍부한 사람."

사실 나는 지금까지 무엇인가를 끊임없이 만들고
또 만들면서 살아왔다.
사랑에서도 나 좋다는 사람보다 내가 좋은 사람이 더 좋다.

그래서 사랑받는 일보다 사랑하며 생기는 마음의 생채기가
더 클 수도 있을 것이다.
어쩌면 그래서 더 인문학적 감수성이 생기는지도 모를 일이다.

따가운 햇볕이 살갗에 닿을까 서늘한 그늘을 찾는
여름을 보내면 활동하기 좋은 가을이 온다.
그러나 가을은 늘 그렇듯 빨리도 지나가고
다시 추운 겨울이 온다.
추운 겨울을 견뎌내면 다시 또 봄이 오고
그 봄 역시 빨리도 지나갈 것이다.

우리네 인생이 그렇다.
좋은 순간은 빨리도 지나고
견디기 어려운 것은 오래도 머물러 있다.
그렇고 그렇게 인생은 살아진다.

조금 잘못되었다고 기죽거나 주저앉을 필요가 없다.
또 조금 좋은 위치에 올랐다고 고개를 쳐들 것까지도 없다.
사람은 이렇게 저렇게
서로의 봄 · 여름 · 가을 · 겨울이 다르기 때문이다.

앞으로 어떤 일이 생길지 어떤 것을 하고 살지 잘 모른다.

불안하지만 겁은 없다.

겁은 없지만 불안한 것 또한 사실이다.

다만 주어진 일, 하고자 하는 일,

해야만 하는 일을 성의 있게 대하려 한다.

내 인생에 성의를 다하지 못하면 어찌 삶이라 할 수 있을까?

사랑하는 사람에게 사랑을 받고

또 사랑을 주는 행복을 알듯이 그렇게 삶의 단맛을 위하여

하루하루 성의를 다하고 살고자 한다.

책을 낼 때마다 출판이 임박해 오면 부끄럽다는 생각이 든다.

그런 나의 부끄러움을 읽어 주시길 바란다.

인생이 언제는 답이 있었나요

초판 1쇄 발행 ㅣ 2019년 12월 17일
초판 2쇄 발행 ㅣ 2020년 01월 07일

지은이 ㅣ 표영호
펴낸이 ㅣ 김채민
기 획 ㅣ 엔터스코리아(책쓰기 브랜딩스쿨)
펴낸곳 ㅣ 힘찬북스
출판등록 ㅣ 제410-2017-000143호

주소 ㅣ 서울특별시 마포구 망원로 94, 301호
전화 ㅣ 02-2272-2554
팩스 ㅣ 02-2272-2555
이메일 ㅣ hcbooks17@naver.com

ISBN 979-11-90227-04-9 03190
값 13,800원